Liebe Leserinnen und Leser,

Zwickau ist heute vor allem dem Automobilbau und Robert Schumann verbunden – und führt mit Recht diese beiden Zusätze in seinem Namen. Aber die Stadt ist auch einer der frühen und wichtigen Orte der lutherischen Reformation.

Dr. Michael Löffler

Schon 1517 wirkten erste Prediger in Zwickau, die Veränderungen in der Kirche anmahnten. Sogar einen Thesenanschlag ähnlich dem in Wittenberg gab es, als der Rektor der Griechischen Schule (und bekennender Anhänger des römisch-katholischen Glaubens) 1519 seine Stellungnahme gegen den Ablasshandel an die Tür der Marienkirche heftete.

Nur ein Jahr später bekam Zwickau auf Empfehlung Luthers einen Prediger, der zu den prominentesten Vertretern der Reformation zählt, aber auch damals wie heute seine Anhängerschar spalten konnte: Thomas Müntzer. Müntzer lebte und predigte für fast ein Jahr in der Stadt und verhalf der reformatorischen Idee mit seiner kompromisslosen Art zum Durchbruch. Dabei lauschten nicht nur die einfachen Menschen seinen Worten, sondern selbst Mitglieder des Rates. Vor allem Letztere stellten sich bei Auseinandersetzungen mit altgläubigen Anwohnern immer wieder auf die Seite Müntzers. Erst die durch Anhänger der Wiedertäuferbewegung forcierte öffentliche Radikalisierung überzeugte den Rat, Müntzer aus Zwickau wegzuschicken.

Dennoch hatten die Ideen der Reformation mittlerweile tiefe Wurzeln in der gesamten Bevölkerung Zwickaus geschlagen. Der gewählte Weg war unumkehrbar und machte die Stadt mit ihrem ersten evangelisch-lutherischen Pfarrer 1521, den Predigten und Gottesdiensten in deutscher Sprache ab 1524 und einer der ersten Superintendenturen 1529 zu einer der Vorreiterinnen des neuen Glaubens. Zwickau bezeichnet sich deshalb mit gutem Recht als die erste Stadt, welche nach Wittenberg so schnell und so konsequent die Gedanken der Reformation in die Tat umsetzte.

Obwohl Luther selbst 1522 zu einem mehrtägigen Besuch hier weilte und lange Zeit eine enge Freundschaft mit Bürgermeister Hermann Mühlpfort pflegte, ist doch unbestritten Müntzers Wirken in Zwickau der Meilenstein gewesen, die reformatorischen Grundstrukturen – hinter denen Müntzer damals selbst stand – hier zu verankern. Neben der Katharinenkirche, heute offiziell europäisches Kulturerbe, steht deshalb nicht ohne Grund ein Denkmal für den Reformator, der später zum radikalen Bauernkriegsführer wurde.

Herzlich willkommen in Zwickau, der Stadt des Automobilbaus und Robert Schumanns – und natürlich in einer frühen Stätte der Reformation.

Ihr
Dr. Michael Löffler
Herausgeber

(14)

(26)

Inhalt

46

60

REFORMATIONSSTADT — *Die Ideen des Wittenberger Reformators fielen im humanistischen Zwickau früh auf fruchtbaren Boden. Martin Luther soll hier 1522 aus einem der Rathausfenster zu 14.000 Menschen gesprochen haben.*

SCHUMANNSTADT — *Als Robert Schumann am 8. Juni 1810 in Zwickau das Licht der Welt erblickte, ahnte noch niemand, dass aus ihm einst der bedeutendste deutsche Komponist der Romantik werden würde. Seine Geburtsstadt ehrt sein Leben und Schaffen in besonderem Maße.*

AUTOMOBILSTADT — *Die Geschichte Zwickaus ist bis heute untrennbar mit dem Automobilbau verwoben. Einer seiner Pioniere, August Horch, gründete hier HORCH und Audi. Im August Horch Museum kann man ihm begegnen.*

Willkommen in Zwickau

—

VON PIA FINDEISS

Dr. Pia Findeiß

Zwickau gehört zu den wichtigen Reformationsstädten. Hier wirkten nicht nur Müntzer und Luther. Bereits 1521 wurde der erste evangelische Pfarrer eingesetzt, 1524 die erste Messe auf Deutsch gelesen, und von 1525 an wurden alle Gottesdienste in deutscher Sprache gehalten. Zwickau war nach Wittenberg die zweite Stadt weltweit, in der sich die Reformation durchgesetzt hatte.

Ich gebe zu, dass diese wichtige Epoche der Stadtgeschichte lange Zeit nur wenig im Bewusstsein der meisten Zwickauer war. Dass sich dies erst in den letzten Jahren änderte, mag zunächst verwundern. Bedenkt man die reichhaltige Geschichte und die vielen Einzigartigkeiten, die hier zu finden sind, so dürfte man zumindest etwas Verständnis haben. In unserer 1118 erstmals urkundlich erwähnten Stadt beeindrucken sorgfältig restaurierte Gründerzeit- und Jugendstilbauten oder Denkmale von nationaler Bedeutung. Max Pechstein und Gert Fröbe erblickten hier das Licht der Welt, Zwickau war Tuchmacher- und Bergbaustadt, hier befinden sich die älteste öffentliche Bibliothek Sachsens und das älteste erhaltene Wohnhausensemble Deutschlands, und Zwickau ist heute das wirtschaftliche Zentrum der Region.

Zwickau war und ist aber vor allem eines: Automobil- und Robert-Schumann-Stadt.

August und Robert Schumann

Robert Schumann kam am 8. Juni 1810 im Eckhaus am Hauptmarkt zur Welt. Vermutlich wäre dieses Gebäude ohnehin in die Geschichtsbücher eingegangen, denn hier betrieb August Schumann eine Verlagsbuchhandlung und wurde zum Erfinder des Taschenbuches. Sein fünftes und jüngstes Kind, Robert, erlebte in Zwickau seine Kindheit und Jugend, er erhielt hier seine musikalische Grundausbildung und hatte in der Marienkirche seinen ersten öffentlichen Auftritt.

Sein Geburtshaus ist heute Museum und Forschungsstätte, im Kammermusiksaal finden regelmäßig Konzerte statt, und es beherbergt die weltweit größte Sammlung an Originalhandschriften von Robert und seiner Frau Clara, geb. Wieck. Mit Veranstaltungen, wie dem jährlichen Schumann-Fest oder dem Internationalen Wettbewerb für Klavier und Gesang, setzt die Stadt die Tradition der Schumann-Pflege fort, die Zwickauer Bürger bereits 1847 mit dem ersten Schumann-Fest begründet hatten.

»Horch, ein Audi!«

Mit dem August Horch Museum hat gleich ein zweites europaweit beachtetes Museum seinen Sitz in Zwickau. August Horch begründete mit seiner Ansiedlung 1904 den Zwickauer Fahrzeugbau und 1909 eine Marke, die noch heute weltweit bekannt ist: Audi! Der Ingenieur hatte seinen Namen ins

Lateinische übersetzt. Diese Firmen sowie DKW und von 1932 an die Auto Union setzten schließlich Maßstäbe, etwa durch die Einführung des Frontantriebs bei Großserienfahrzeugen. 1957 schlug einem Auto die Geburtsstunde, das zu *dem* Fortbewegungsmittel der DDR werden sollte: der Trabant. Über drei Millionen Mal wurde der heute legendäre Zweitakter hergestellt.

Als großer Glücksumstand erweist sich bis heute das Engagement des Volkswagenkonzerns, das noch vor der Deutschen Einheit begann. In Zwickau werden die Modelle Golf und Passat gebaut und Karosserien für Phaeton und Bentley gefertigt. Die weltweit agierenden Zuliefer- und Entwicklungsfirmen sowie die Westsächsische Hochschule tragen zum Ruf der Automobilstadt Zwickau bei.

Diese Geschichte präsentiert eindrucksvoll das August Horch Museum. Besucher wissen zu schätzen, dass hier nicht nur einmalige Fahrzeuge gezeigt werden. Die Oldtimer werden spannend inszeniert: Bewundern kann man zum Beispiel eine Tankstelle oder eine Werkstatt aus den 1930er Jahren, einen Messestand und einen Verkaufsraum der Auto Union, einen alten »Tante-Emma-Laden« oder die typische Garage aus DDR-Zeiten mit dem damals unverzichtbaren »Lager« an Ersatzteilen.

Entdecken Sie Zwickau!

Natürlich gibt es in unserer Stadt noch mehr zu entdecken! 2014 konnten gleich zwei neue Kultureinrichtungen eingeweiht werden. Für alle Kunst-

liebhaber ging am 11. April 2014 ein langgehegter Traum in Erfüllung. Als Hommage an den in Zwickau geborenen Expressionisten und »Brücke«-Maler Max Pechstein wurde ein nach ihm benanntes Museum eröffnet. Als Teil der KUNSTSAMMLUNGEN ZWICKAU ist es weltweit die umfangreichste Dauerausstellung ihrer Art.

Ebenfalls 2014 erlebte das Kornhaus seine Wiederauferstehung. 1481 erbaut, einst als Zeughaus und später als Gefängnis genutzt, gilt es aufgrund seines mehrgeschossigen Dachtragwerks als Denkmal von nationaler Bedeutung. Nach der politischen Wende dem Verfall preis- und 2009 zum Abriss freigegeben, konnte es in letzter Minute gerettet werden. Aufwändig und denkmalgerecht saniert, beherbergt es nun die modern ausgestattete Stadtbibliothek.

Dass Sie insbesondere die Reformationsstadt Zwickau mit dem vorliegenden Journal näher kennenlernen können, ist das große Verdienst insbesondere von Verlag, Redakteur, Autoren und Fotografen. Ich wünsche Ihnen eine angenehme und anregende Lektüre und würde mich freuen, wenn Sie das Heft dazu motiviert, auf den Spuren der Reformation Zwickau zu erkunden. Ich bin mir sicher, dass Sie dabei auch viele Dinge entdecken, die ich Ihnen hier nur andeutungsweise skizzieren konnte!   •

▶ **DR. PIA FINDEISS**
ist Oberbürgermeisterin der Stadt Zwickau.

Im neuen Museum wird Max Pechsteins gesamte Vielfalt präsentiert

STADTFÜHRUNG

Ein Gang durch die gut erhaltene historische Altstadt Zwickaus, zu Orten der Reformationsgeschichte, aber auch zu Meistern der Gotik, romantischen Komponisten, Automobilpionieren und herrlichen Jugendstilquartieren. Dazu Gastronomie- und Veranstaltungstipps.

Ein Katzensprung von der Reformation zur Gründerzeit

*In Zwickau kann man nicht nur auf den Pfaden Luthers wandeln,
sondern auch Romantikern und Automobilbauern begegnen*

VON FRANZISKA MARKOWITZ

◀ **Seite 12–13**
Luftaufnahme
der Innenstadt

▼
Das »Schiffchen«

Seinen Charme verdankt Zwickau besonders dem gut erhaltenen historischen Stadtkern. Nicht umsonst wird die Stadt an der Mulde auch die »Perle Westsachsens« genannt und hat mit dem »Rußzwicke« von einst nichts mehr gemein.

Die erste urkundliche Erwähnung ist datiert auf das Jahr 1118 durch Bischof Dietrich I. von Naumburg in einer Stiftungsurkunde der Marienkirche als *Zcwickaw*. Damals war Zwickau ein von Slawen besiedelter Gau mit dem Dorf Osterweyn im Mittelpunkt. Ab 1150 verlagerte sich der Siedlungsschwerpunkt auf das Gebiet der heutigen Innenstadt. Am Westufer der Mulde entstand so eine Kaufmannssiedlung um die Nikolaikirche. Hier kreuzten sich zwei wichtige Handelsstraßen: Die aus Halle/Saale kommende »Salzstraße« nach Prag sowie das »Polnische Gleis« von Krakau nach Süddeutschland.

Bis zum späten Mittelalter war Zwickau zu einer der bedeutendsten Städte Sachsens geworden. Zwischen 1460 und 1530 vergrößerte sich die Bevölkerung von 4.500 auf fast 8.000 Einwohner, was für damalige Verhältnisse eine große Zahl war. Verantwortlich für den großen Aufstieg waren die Silberfunde und deren Förderung in der Nähe Schneebergs, die der Stadt Ansehen und Reichtum sowie ein starkes Bürgertum bescherten.

Der Rundgang durch die Altstadt beginnt auf dem Kornmarkt ① – jenem großen Platz, der im Mittelalter einziger Handelsplatz für Getreide und Korn der Region war. Aufgrund des wenig ausgebauten Wegenetzes mussten alle Händler in der Stadt Halt machen und Markt halten. Daran erinnert heute noch der Brunnen mit dem Mühlrad und den Kornsäcken. Doch zunächst diente der Platz im 13. Jahrhundert als Handelsplatz für Nutz- und Brennholz. Erst ab 1470 – mit dem beginnenden Silberbergbau in Schneeberg – wandelte sich seine Bestimmung. Verbunden mit gewissen Privilegien stieg Zwickau zum Versorgungszentrum für Korn des gesamten westlichen Erzgebirges auf. Solange der sogenannte Marktwisch – ein rotes Fähnchen – hing, durften keine Ortsfremden auf dem Markt einkaufen. Dieses Recht endete erst 1832 – doch von da an büßte der Kornmarkt auch an Ansehen ein. Durch bauliche Eingriffe und Kriegsfolgen verlor er seine Bedeutung. Daran konnte auch die Neugestaltung in den vergangenen Jahrzehnten nichts ändern. Heute ist er nur noch Mittelpunkt großer Veranstaltungen wie dem Stadtfest, dem Historischen Markt oder zu Weihnachten.

Baulich gesehen verbindet der Platz aber alte Traditionen mit der Gegenwart. Die modernen Gebäude stehen hier in einer Reihe mit historischen Bauten wie dem »Schiffchen« ② an der nördlichen Ecke des Platzes. Seinen Namen verdankt das Haus aus dem 15. Jahrhundert seiner eigenwilligen Form. Das Erscheinungsbild ist ein

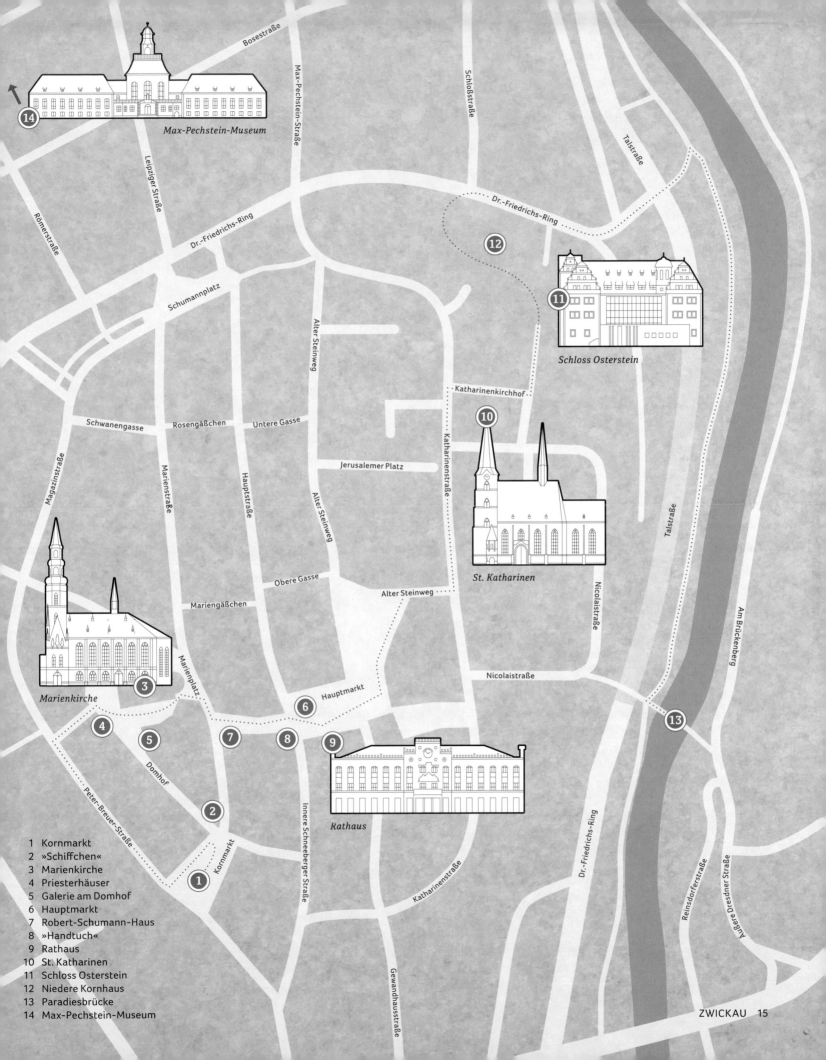

Max-Pechstein-Museum

Schloss Osterstein

St. Katharinen

Marienkirche

Rathaus

1 Kornmarkt
2 »Schiffchen«
3 Marienkirche
4 Priesterhäuser
5 Galerie am Domhof
6 Hauptmarkt
7 Robert-Schumann-Haus
8 »Handtuch«
9 Rathaus
10 St. Katharinen
11 Schloss Osterstein
12 Niedere Kornhaus
13 Paradiesbrücke
14 Max-Pechstein-Museum

Deutschlands ältestes Wohnhausensemble: die Priesterhäuser

Biegt man nun rechts in die Peter-Breuer-Straße ein, gelangt man nach wenigen Metern auf der linken Seite zum Grünhainer Klosterhof. Heute ebenfalls Teil der Hochschule mit Sitz der Aula, war dieser Gebäudekomplex im 15. Jahrhundert eine Außenstelle des Zisterzienserklosters Grünhain. Diese unterhielt das Kloster seit 1240 aufgrund umfangreicher Besitzungen in der Stadt als Wirtschaftshof mit eigener Rechtsprechung. Genau dieser Fakt war es auch, der die Zwickauer Bürger letztlich gegen das Kloster aufbrachte. In einem »selbstherrlichen« Akt hatten die Mönche kurzerhand einen Bauern gefangen genommen. Aufgebrachte Bürger stürmten daraufhin am 6. März 1522 den Klosterhof und zerstörten das wertvolle Inventar, Bücher und Kunstgegenstände. Nach der Säkularisierung 1536 beherbergte der Hof die Lateinschule und Ratsschulbibliothek. 1953 eröffnete hier die Bergbauingenieurschule.

Der Peter-Breuer-Straße bis zur nächsten Kreuzung folgend, erblickt man rechts bereits die eindrucksvolle Westfassade der Marienkirche ③ – meist auch Dom genannt. Sie prägt nicht nur den Domhof, sondern das gesamte Bild der Altstadt. 1192 das erste Mal urkundlich erwähnt, wurde sie als Hauptpfarrkirche der Stadt errichtet und bestimmte das religiöse Leben Zwickaus.

Zur Reformationszeit wirkten hier ab 1517 Johann Wildenau (genannt Egranus), der in engem Kontakt zu den Wittenberger Reformatoren stand,

Stilmix aus Spätgotik und Frührenaissance. Seit dem 16. Jahrhundert diente es den Seilerfamilien der Stadt als Wohnsitz – deren Wappen erinnert heute noch daran. Aufgrund seiner Baufälligkeit musste es 1968 abgerissen werden, wurde jedoch mit Originalteilen wiedererrichtet.

Genau auf der anderen Seite des Platzes, im Süden, dort, wo heute die Bibliothek der Westsächsischen Hochschule ihren Platz gefunden hat, stand seit 1231 das Franziskanerkloster. Etwa 80 Mönche hatten hier ein Zuhause gefunden. Es gehörte zu den religiösen Zentren der Stadt. Im Zuge der Reformation wurde das Kloster 1525 geschlossen.

1407 – Das Blutgericht zu Zwickau

Im frühen 15. Jahrhundert herrschte in Sachsen Markgraf Wilhelm I. Unter seiner Politik eines energischen Herrschaftsausbaus kam es für die Städte zu erheblichen Machteinschränkungen. Diese trafen auch Zwickau.

Am schlimmsten war der Entzug der Gerichtsbarkeit. Diese fiel dem Landesherrn zu, der für ihre Umsetzung Vögte (Amtsmänner) und Stadtvögte (Richter) einsetzte. Stadtvogt Franz Stuchsing agierte offenbar gegen städtische Interessen. Daraufhin kam es immer wieder zu heftigen Auseinandersetzungen zwischen ihm und dem Rat sowie zu Unruhen unter der Bevölkerung.

Als der Markgraf 1407 verstarb, besetzte der Rat das landesherrliche Schloss Osterstein und verurteilte den verhassten Stuchsing zum Tode. In schneller Entscheidung hatte man sich über das geltende Landesrecht hinweg gesetzt und sich die oberste Gerichtsbarkeit widerrechtlich angemaßt. Stuchsing, dem man den Bruch des Bürger- und Ratsherreneides, Verrat städtischer Interessen sowie Verrat von Ratsgeheimnissen vorwarf, hätte wohl eigentlich mit Verbannung von 100 Jahren bestraft werden müssen. Die Ratsherren ihrerseits sahen in den Taten Stuchsings jedoch auch den Frieden der Stadt und ihrer Bürger gefährdet.

Die Antwort der Erben des Markgrafen ließ nicht lange auf sich warten: Friedrich der Streitbare, Wilhelm II. und Friedrich der Friedfertige veranlassten die Hinrichtung der Zwickauer Peter Mergenthal, Johannes Dittmar, Johannes und Stephan Gulden durch das oberste landesherrliche Gericht in Meißen: Sie wurden zum Tode durch das Schwert verurteilt. Ihr Todesurteil gegen den Stadtvogt hatte die Zwickauer in direkten Konflikt mit den Landesherren gebracht. In den folgenden Jahren kam es zur Aussöhnung zwischen Landesherren und Stadt, in deren Zuge Zwickau die Gerichtsbarkeit zurückkaufen konnte. (Franziska Markowitz)

Die Priesterhäuser bewahren als Museum Zwickaus Stadt- und Kulturgeschichte.

und auf Martin Luthers Empfehlung ab Oktober 1520 Thomas Müntzer. Mit Nikolaus Hausmann setzte man 1521 den ersten evangelischen Pfarrer ein. Hausmann war es auch, der Luther dazu riet, den Kleinen Katechismus zu verfassen.

Dass der große Reformator in der Marienkirche gepredigt haben soll, kann durch Quellen nicht belegt werden, denn zu dieser Zeit fanden in der Kirche umfangreiche Baumaßnahmen statt, die den Kirchenbetrieb stark einschränkten.

Ende des 19. Jahrhunderts brachte man an der nördlichen Fassade ein Skulpturenprogramm an, das wichtige Persönlichkeiten der Reformationszeit zeigt. Darunter befinden sich u. a. Martin Luther, seine Frau Katharina von Bora, Philipp Melanchthon und der sächsische Kurfürst Friedrich der Weise.

Schräg gegenüber stehen die Priesterhäuser ④, Deutschlands ältestes Wohnhausensemble. Das älteste Gebäude ist stolze 750 Jahre alt. 1466 war der Komplex vollendet und blieb nahezu unverändert erhalten. Vor der Reformation wohnte hier die Geistlichkeit der Marienkirche. Während und nach der Reformation wurden die Häuser zu Amtswohnungen, in denen fortan die Kirchenbediensteten (Pfarrer, Kantoren, Organisten, Glöckner und die Lehrer der Lateinschule) lebten. Bis in die 1970er Jahre wurde der Komplex tatsächlich noch als Wohnraum genutzt, doch insbesondere der Zweite Weltkrieg und die DDR-Jahre hatten die Häuser dem Verfall preisgegeben. Zwischen 1993 und 2003 sanierte und restaurierte man diese wertvollen Architekturdenkmäler aufwändig. Heute beherbergen sie das Museum für Stadt- und Kulturgeschichte. Sie verwahren eine Vielzahl gegenständlicher Zeitzeugen der Reformationszeit, die einen lebendigen Eindruck mittelalterlicher Lebensweise und Wohnkultur vermitteln.

Direkt gegenüber den Priesterhäusern – wo heute das Gebäude der Galerie am Domhof ⑤ steht – ließ der wohlhabende Bürger und Amtshauptmann Martin Römer 1479 das neue Schulgebäude errich-

ten. Schon 1290 war die Schule erstmals urkundlich erwähnt worden. Im 16. Jahrhundert wirkten hier bedeutende Persönlichkeiten des Humanismus wie Georgius Agricola, Stephan Roth, Leonhard Natter und Petrus Plateanus. Sie alle standen in engem Kontakt zu den Wittenberger Reformatoren. Die Zwickauer Lateinschule genoss weit über die Grenzen der Stadt hinaus einen exzellenten Ruf als Bildungseinrichtung nach humanistischem Vorbild. 1878 erfolgte an dieser Stelle der Neubau des Kunstvereinsgebäudes. Seit 1977 hat die Galerie am Domhof hier ihren Sitz.

Zwischen St. Marien und Galerie hindurch führt der Stadtrundgang weiter auf den Hauptmarkt ⑥, am Robert-Schumann-Haus ⑦ vorbei zum »Handtuch« ⑧, dem schmalsten Haus der Stadt. An der Ecke zur Inneren Schneeberger Straße, in direkter Nähe zum Rathaus, fällt es mit seinen beiden Treppengiebeln sofort ins Auge. Es gehörte einst Stephan Roth, zunächst Rektor der Lateinschule, später Oberstadtschreiber. 1534 ließ er das Haus am Hauptmarkt errichten. Roth weilte von 1523 bis

Blick auf den Dom aus dem Mariengässchen

1527 in Wittenberg und pflegte einen freundschaftlichen Kontakt zu den Reformatoren.

Nebenan steht das »erste Haus am Platz« – das Zwickauer Rathaus ⑨. Es erstrahlt nach seiner Sanierung 2011 in neuem Glanz und hat sich als Publikumsmagnet mit Café und Einkaufsmöglichkeiten im Herzen der Stadt etabliert. Im Jahre 1403 war es auf den Grundmauern eines Vorgängerbaus errichtet worden. Seither gab es zwei große Umbauphasen 1678/80 und 1866/67. Im Zuge der letzten Umgestaltung erhielt es seine heutige neogotische Außenansicht. Der historisch wertvollste Raum ist die Jakobskapelle im Ostflügel von 1477. Stifter war der Landrentmeister Johannes von Mergenthal (Marienthal). Es handelt sich um einen einschiffigen gotischen Raum mit dreijochigem Kreuzrippengewölbe, Renaissanceportal und Ausmalungen von 1614.

Während der Reformation regierte in Zwickau ein humanistisch orientierter Rat, der sich den Wittenberger Reformideen früh öffnete. Besonders Bürgermeister und Ratsherr Johannes Stüler, genannt Erasmus Stella, entpuppte sich als großer Fürsprecher Müntzers. Den späteren Bürgermeister Hermann Mühlpfort verband eine enge Freundschaft mit Martin Luther. Dieser widmete

mann Mühlpfort. Es diente als Gasthaus mit Stallungen und war im gotischen Stil erbaut. Heute ist es komplett überformt. Einzig ein zweijochiges Kreuzrippengewölbe in der Eingangshalle blieb erhalten. Biegt man nun nach rechts in die Katharinenstraße ein, sieht man bereits die Türme von St. Katharinen ⑩. 1219 erstmals erwähnt, war sie Burg-, Schloss- und Stadtkirche. Ihre Gestalt wurde maßgeblich durch den spätgotischen Umbau zur Hallenkirche im 15. Jahrhundert geprägt. Man kann aber sagen, dass sie das Ergebnis einer andauernden Bautätigkeit vom 13. bis 19. Jahrhundert ist.

Zum Kirchenschatz gehört der Altar aus der Werkstatt Lucas Cranachs d. Ä. von 1517. Von Oktober 1520 bis April 1521 predigte Thomas Müntzer hier. Seine radikalen Ansichten fanden durch soziale Spannungen besonders unter den Handwerksgesellen großen Anklang. Aus Angst um die öffentliche Ruhe entließ der Rat Müntzer am 17. April 1521 aus dem Dienst. Die Gehaltsquittungen dieser Zeit sind im Stadtarchiv erhalten. Vor der Kirche stehen seit 1989 eine überlebensgroße Statue des streitbaren Theologen sowie ein Relief über den Bauernkrieg. Beides stammt vom Berliner Bildhauer Jürgen Raue.

Einen Steinwurf von der Katharinenkirche entfernt befindet sich das aus der Renaissancezeit stammende Schloss Osterstein ⑪. Seine Anfänge gehen auf das 13. Jahrhundert zurück. Umfangreiche Aus-

▶ Die Jakobskapelle im Rathaus

Müntzer-Denkmal vor der Katharinenkirche

Thomas Müntzer sorgte in der Katharinenkirche 1520/21 für Aufruhr.

seinem Zwickauer Freund die Schrift »Von der Freyheyt eynis Christenmenschen«. Nach den Unruhen 1522 bat der Rat Luther, in der Stadt zu predigen, um die Bürger zu Vernunft und Ordnung zu rufen. Am 1. Mai 1522 soll Luther vor 14.000 Menschen aus einem Fenster des Rathauses gepredigt haben.

Vom Rathaus aus geht es quer über den Hauptmarkt Richtung Osten in den Alten Steinweg. Das Haus Nummer 5 gehörte einst dem Bürgermeister Her-

und Umbauten erfolgten zwischen 1383 und 1405 sowie 1587 und 1590. Es gehört heute zu den repräsentativsten Renaissanceschlössern in Sachsen. 1292 wurde es das erste Mal erwähnt. Im 14. Jahrhundert diente das Schloss den Wettinern als Hofsitz sowie als Dependance der Landesherrlichen Verwaltung für die zum Amt gehörenden Siedlungen. Schloss und Burglehen waren dabei eigene Verwaltungsbereiche, die der Rechtshoheit der Landesherren unterstanden. Im 16. Jahrhundert regierte mit Kurfürst Friedrich dem Weisen ein wichtiger Verfechter der reformatorischen Ideen. Er war es auch, der Martin Luther während der Reichsacht unter seinen persönlichen Schutz stellte. Am 2. Mai 1522 soll Luther auch auf dem Schloss gepredigt haben.

Innenhof des
Schlosses Osterstein

▶ oben
KUNSTSAMM-
LUNGEN ZWICKAU

▶ unten
Führung durch
das Max-Pechstein-
Museum

Zwischen 1775 und 1962 diente Osterstein als Haftanstalt. 2006/08 wurde es unter großem Aufwand saniert und beherbergt heute ein Senioren- und Pflegeheim sowie ein Restaurant und einen Saal für Konzerte und sonstige Veranstaltungen. Kommt man von Norden über die Bundesstraße 93 nach Zwickau hinein, sieht man das Schloss dank seiner exponierten Lage in seiner ganzen Schönheit erstrahlen.

Auch das benachbarte Niedere Kornhaus ⑫, das Martin Römer errichten ließ, erstrahlt nun in neuem Glanz. In den historischen Mauern hat die Stadtbibliothek ein neues Zuhause gefunden.

Läuft man vom Schloss aus über das MuldePa-radies einige Meter flussaufwärts, gelangt man an die Paradiesbrücke ⑬. Zur Zeit Luthers überquerte hier eine einfache Holzbrücke den Fluss, an deren Ende am anderen Ufer ein Wirtshaus stand. Auf der Flucht vor aufgebrachten Franziskanermön-chen fand Martin Luther dort einer Legende nach Zuflucht. Er soll ausgerufen haben: »Gott sei Dank, dass er mich dieses Haus finden ließ. Denn wahrlich, es ward mein Paradies.« Seither – und nicht zuletzt wegen der idyllischen Lage – hieß das Gasthaus »Zum Paradies«. Im 19. Jahrhundert entstand hier die Paradiesbrücke, eine Stahlkonstruktion von den Baumeistern des »Blauen Wunders« in Dresden.

⑭ Auch jenseits der Innenstadt kann man Luthers Spuren erkunden. Der Gebäudekomplex von

1914 in der Lessingstraße 1 beherbergt gleich drei historisch bedeutsame Einrichtungen: z. Z. das Stadtarchiv, die Ratsschulbibliothek und die KUNSTSAMMLUNGEN ZWICKAU Max-Pechstein-Museum. So lagert im Stadtarchiv neben dem wert-vollen Stadtrechtsbuch von 1348 und einer Ab-schrift des Sachsenspiegels aus dem Jahre 1472 eine große Anzahl von Dokumenten aus der Reforma-tionszeit. Dazu zählen Ratsprotokolle, die Gehalts-quittungen Thomas Müntzers, mehrere Briefe Mar-

»Wände her für Max Pechstein!«

In den KUNSTSAMMLUNGEN ZWICKAU Max-Pechstein-Museum werden fast 50 Wer-ke des gebürtigen Zwickauers präsentiert: expressive Landschaften und Stillleben, Por-träts, aber auch dekorative Werke sowie das farbenprächtige Spätwerk. Die Auswahl spannt den Bogen von der frühen, 1896 ent-standenen Studie des jugendlichen Pechstein bis zum letzten Gemälde aus dem Jahr 1953. Max Pechstein ist nicht nur ein eigener Aus-stellungsbereich gewidmet, sondern der nach ihm benannte Kunstpreis der Stadt Zwickau bildet zugleich eine »Brücke« zur aktiv geleb-ten Tradition der Förderung und Würdigung der Gegenwartskunst.

tin Luthers und anderer Reformatoren wie Philipp Melanchthon. Auch die Schriften des ersten evangelischen Pfarrers Nikolaus Hausmann befinden sich in seinem Besitz. Als eines der bedeutendsten kommunalen Archive Sachsens reichen seine Bestände bis ins 13. Jahrhundert zurück.

Die Zwickauer Ratsschulbibliothek ist mit ihrer Ersterwähnung 1498 die älteste öffentliche wissenschaftliche Bibliothek Sachsens. Durch die Nachlässe und Schenkungen der ehemaligen Rektoren der Lateinschule, Stephan Roth und Christian Daum, gelangte eine große Zahl von Quellen des 16./17. Jahrhunderts in ihre Bestände. Darüber hinaus besitzt sie eine der wichtigsten Sammlungen zur Reformationsgeschichte. Dazu gehören unter anderem Briefe und Drucke Martin Luthers, Philipp Melanchthons, Georgius Agricolas, Justus Jonas' und Johannes Bugenhagens.

In den KUNSTSAMMLUNGEN ZWICKAU Max-Pechstein-Museum, die nicht nur für ihre Dauerschau zum Brücke-Künstler bekannt sind, wird in der Ausstellung »Im Himmel zu Hause« besonders der sakralen Kunst der Spätgotik ein Raum geschaffen. Dokumentiert wird dort die kulturelle Blütezeit der Region im 15. Jahrhundert. Damals entstanden bedeutende Schnitzwerkstätten, wie jene Peter Breuers, die dieser 1502 gründete. Neben Werken Breuers finden sich auch Exponate von Michael Heufner (Eger) und Leonard Herrgott (Zwickau) sowie Altarbilder der umliegenden Dorfkirchen in der Schau.

Zahlreiche Bilderstürme während der Reformation richteten allerorten großen Schaden in den Beständen sakraler Kunst an. Um die Schätze zu schützen, lagerte man sie nach der Reformation in der Götzenkammer St. Mariens ein. Dem Zwickauer Altertumsverein ist es zu verdanken, dass diese Werke 1914 in das damals neu eröffnete König-Albert-Museum übergingen. Nach ihrer umfangreichen Restaurierung können sie heute einem breiten Publikum zugänglich gemacht werden. Zur Ausstellung, die in dieser Form einzigartig im Zwickauer Raum ist, erschien ein Begleitheft für Kinder und Familien, das mit der Figur des Bornkinnels kindgerecht und bildhaft durch die Ausstellung führt (▸ S. 56). •

▶ **FRANZISKA MARKOWITZ**
ist Mitarbeiterin im Kulturamt der Stadt Zwickau.

Meister der Spätgotik

Peter Breuer prägte die Kunst Zwickaus vor der Reformation,
die wiederum seine Existenzgrundlage zerstörte

—

VON PETRA LEWEY

Die außergewöhnlichen gesellschaftlichen, wirtschaftlichen und kulturellen Veränderungen der Zeit um 1500 in Mitteldeutschland prägten auch das Leben und Wirken des aus Zwickau stammenden Bildschnitzers Peter Breuer (um 1472–1541). Der erfolgreiche Handwerksmeister einer Werkstatt mit guter Auftragslage stürzte mit der Umsetzung der reformatorischen Ideen Martin Luthers mit ihren folgenreichen gesellschaftlichen Umbrüchen in eine dramatische wirtschaftliche Krise und seine Werke gerieten bald in Vergessenheit.

Der Zeitpunkt der Geburt Peter Breuers, eines der wichtigsten Meister der Spätgotik im sächsischen Raum, fiel in die Zeit des wirtschaftlichen Aufschwungs der Region. Die gewaltigen Silberfunde im Erzgebirge sicherten seit 1470/71 den Wettinern im Kurfürstentum Sachsen die Macht. Die wichtigen Handelsstraßen wie die berühmte Silberstraße führten durch Zwickau und verschafften der Stadt an der Mulde ihre wirtschaftlichstrategische Bedeutung. Die Stadt prosperierte und konnte mit größeren Baumaßnahmen aufwarten. Gleichermaßen profitierte die Landbevölkerung von dem Aufschwung, da sie immer neue Absatzmärkte für ihre Agrarprodukte fand. Aus der wirtschaftlichen Entwicklung der Region, vor allem dem Montanwesen im Erzgebirge, der Textilproduktion und dem Fernhandel, erwuchs schließlich die kulturelle Entfaltung Zwickaus, die noch heute anhand der Kirchen, Profanbauten und Plätze spürbar ist.

In Zwickau zeigt sich auf außergewöhnliche Weise diese rasche Entwicklung durch den guten Erhalt der spätmittelalterlichen Stadtstruktur um die beiden gotischen Kirchen (Marien- und Katharinenkirche), aber auch durch Bauten wie Rathaus, Gewandhaus, Kornhaus und weitere Bürgerhäuser des 15./16. Jahrhunderts. Der Kirchenbau führte in sowohl der Stadt Zwickau als auch in den wohlhabenden Dorfgemeinden zu einem erhöhten Bedarf an Bildwerken für die Kirchenausstattung.

Das religiöse Alltagsleben der meist leseunkundigen Menschen war bestimmt durch Bilder, waren diese doch »der layen schrift und puecher« (Ulrich v. Pottenstein). Besonders die Heiligenfiguren spielten hier eine große Rolle. Sie waren nicht nur tugendhafte Vorbilder für das eigene Leben, sondern wurden vor allem als Fürbitter und Tröster verehrt.

Der Auftrag für den Hauptaltar der Zwickauer Marienkirche ging an die bekannte Nürnberger Wolgemut-Werkstatt. Die Aufstellung dieses 1479 geschaffenen, mit reichem Figurenensemble ausgestatteten und zweifach wandelbaren Marienaltars initiierte der wohlhabende Kaufmann Martin Römer, der mit den wichtigsten Handelszentren Europas in Verbindung stand und mit diesem besonderen Werk dem Bürgerstolz der aufstrebenden Stadt Ausdruck verlieh.

Doch schon bald war die Nachfrage an Bildwerken für die Kirchen so groß, dass sich in Zwickau um 1500 mehrere Werkstätten etablieren konnten. Nicht

Peter Breuer, Beweinung Christi (ehem. Flügelaltar), um 1502, Dom St. Marien

nur die Marienkirche wurde erweitert, sondern auch die zweite Pfarrkirche St. Katharinen oder die nicht mehr erhaltene Kirche der Franziskaner. Neben dem Hauptaltar einer Kirche wurden die Seitenkapellen und Pfeiler mit Bildwerken ausgestattet, allein die Marienkirche besaß 23 Nebenaltäre, die nach der Reformation ihre liturgische Bedeutung verloren.

Nicht immer ist es möglich, Zuschreibungen für die vielen in der Region hergestellten Werke zu ermitteln. An einem Altar arbeitete damals kein einzelner Künstler, sondern meist zunftmäßig organisierte Handwerker: Schreiner, Bildschnitzer und Maler, die sich zudem an Vorlagen der sich rasch verbreitenden Druckgraphik (Kupferstich und Holzschnitt) orientierten.

Neben der Breuer-Werkstatt bestanden u.a. die Werkstätten von Hans Hesse, Leonhard Herrgott und Dionysius Maler. Aber auch auswärtige Meister wie Michael Heuffner aus Eger, wurden mit Aufträgen betraut. Letzterer schuf das Heilige Grab in der Marienkirche, ein beeindruckendes Schnitzwerk, das während der Passions- und Osterfeierlichkeiten zum Einsatz kam.

Eine der bedeutendsten Werkstätten Sachsens

Die von Peter Breuer geführte Werkstatt zählt heute zu den bekanntesten im sächsischen Raum, mit über 60 zugeschriebenen überlieferten Objekten: Altarretabel, Kruzifixe, Christus- und Mariendarstellungen. Sein Leben und Werk lassen sich aufgrund der guten Quellenlage und der Forschungen von Walter Hentschel oder Wolf-Dieter Röber nachzeichnen.

Der um 1472 in Zwickau vermutlich als Sohn eines Messerschmieds geborene Breuer wurde erstmals 1492 als »Malergesell zu Zwicka« im Ratsbuch der Stadt Würzburg erwähnt. In dieser fränkischen Stadt befand sich die Werkstatt des Bildschnitzers Tilmann Riemenschneider, er war einer der berühmtesten Meister. Breuer, der dort als Geselle während seiner Wanderschaft tätig war, wurde von den Werken Riemenschneiders stark beeinflusst. Aber auch die schwäbischen Meister Michel und Gregor Erhart in Ulm sollen für Breuer stilbildend gewesen sein. 1504 erhielt der erstmals 1498 in Zwickau genannte und damit hier ansässig gewordene Breuer das Zwickauer Bürgerrecht. Im gleichen Jahr hatte er am Tränktor ein Hausgrundstück erworben und Barbara Rudel geheiratet, mit der er zwei Söhne und eine Tochter bekam.

Das früheste überlieferte Werk Breuers ist der Flügelaltar der Kirche zu Steinsdorf bei Plauen aus dem Jahr 1497; es folgten 1498 der Christus mit der Siegesfahne in der Zwickauer Katharinenkirche sowie Kruzifixe und zahlreiche Altäre, wie beispielsweise der um 1500 geschaffene Altar für die Nikolaikirche in Zwickau (heute im Grassi Museum Leipzig). Zu den herausragenden Bildwerken der frühen Jahre zählt die 1502 entstandene »Beweinung Christi« in der Marienkirche. Dieses Werk der sogenannten Pieta-Gruppen oder Vesperbilder steht in einer langen Tradition der Andachtsbilder, die im Laufe der Zeit immer inniglicher und realistischer gestaltet wurden. Breuers Werk, ursprünglich von einem Altarschrein umschlossen, zeigt auf konzentrierte Weise die stille Klage der Mutter Maria, die ihren toten Sohn beweint.

Mit der Aufnahme des Werkstattbetriebes stieg Breuers Produktion an Altarwerken, die vorwiegend für die Dorfgemeinden im Zwickauer Umland bestimmt waren, wie etwa für Thurm, Stangengrün, Lichtentanne, Härtensdorf, Hartmannsdorf, Mülsen, Vielau, Niedercrinitz, Weißbach oder Culitzsch. Sie alle folgen zumeist einem bestimmten Schema für eine einfache Wandlung. Im Mittelschrein befinden sich die Hauptheiligen, beispielsweise die Muttergottes und meist die Schutzpatrone der jeweiligen Kirche sowie links und rechts die mit weiteren Heiligen ausgestatteten Altarflügel. Die Predella im unteren Teil des Mittelschreins ist oftmals leider nicht mehr erhalten wie auch die filigranen Gesprengteile.

Mehr als 40 überlieferte Altäre sind bis 1521 entstanden, doch bricht die Werkliste Breuers mit der Durchsetzung der Reformation in Zwickau abrupt ab.

Neue Zeiten und die Folgen

Die reformatorischen Ideen Luthers fielen in Zwickau schon früh auf einen fruchtbaren Boden. Einflussreiche Zwickauer wie der Bürgermeister Hermann Mühlpfort und der Gelehrte Stefan Roth standen den lutherischen Reformen offen gegenüber. Drei Jahre nach Luthers Thesenanschlag in Wittenberg trat Thomas Müntzer die Pfarrstelle in der

Peter Breuer, Verkündigungsaltar für die Kirche zu Niedercrinitz, um 1515, KUNSTSAMMLUNGEN ZWICKAU Max-Pechstein-Museum

Marienkirche und anschließend in der Katharinenkirche an. Müntzers Predigten und radikale Auffassungen polarisierten und führten schließlich zu seiner Entlassung, aber auch zum Bruch mit Luther, der 1522 ebenfalls in Zwickau predigte.

Im Jahr des Thesenanschlags 1517 fertigte Luthers Wittenberger Freund Lucas Cranach d. Ä. (1472–1553) den »Kunigundenaltar« für die Kalandbruderschaft in Zwickau. Die Geschichte dieses der Heiligen Kunigunde geweihten Altars zeigt, wie die Folgen der Reformation auch das Schicksal dieses Retabels bestimmten. Aufgestellt wurde der Altar der damals wohl reichsten religiösen Bruderschaft Zwickaus in der Nacht auf den 12. Dezember 1518 in der Marienkirche. Auf den Seitenflügeln sind Friedrich der Weise und dessen Bruder Herzog Johann der Beständige zu sehen, da die Vorfahren dieser sächsischen Herrscher im 14. Jahrhundert zu den Gründern der Kalandbruderschaft gehörten und ihnen das Schloss Osterstein in Zwickau oft zur Hofhaltung diente. In fünf Szenen ist das Leben Christi geschildert: von der Geburt (Predella) über die Fußwaschung (Mitteltafel), das Gebet am Ölberg und die Kreuzigung (Flügel) bis zur Auferstehung (Auszug). Cranach nahm sich in der Wiedergabe der demutsvollen Geste Christi, der die Füße des Petrus wäscht und mit seinem Jünger einen intensiven Dialog führt, eine Szene aus Dürers »Kleiner Passion« (1509/10) zum Vorbild.

In den Jahren kurz nach der Aufstellung des Werkes entbrannten heftige Debatten über bildliche Darstellungen des neuen Glaubens, die von radikaler Bilderstürmerei begleitet wurden. Auch die Bruderschaften verloren ihre Existenz, da die finanzielle Grundlage durch den Wegfall des katholischen Messdienstes nicht mehr vorhanden war. 1523 wurde die Kalandbruderschaft aufgelöst. Sowohl in St. Marien als auch in St. Katharinen wurden die Nebenaltäre abgebrochen. So setzte man zwischen 1525 und 1530 beispielsweise auch den »Kunigundenaltar« in die Kirche des Franziskanerklosters um. Als das Klosterareal abgerissen und zum Baugrund wurde, fand er ab 1534 eine

Peter Breuer, Kruzifix für die Zwickauer Ratsstube, 1539, KUNSTSAMMLUNGEN ZWICKAU Max-Pechstein-Museum

neue Aufstellung in der Katharinenkirche, wo er heute als Hauptaltar noch immer zu bewundern ist.

Luther, der sich zwar für die Entfernung der katholischen Bildwerke aus den Kirchen aussprach, billigte jedoch nicht ihre Zerstörung. So blieb das Ausmaß der Bilderstürmerei im »luthernahen« Zwickau im Vergleich zu anderen Regionen begrenzt. Werke, die nicht dem neuen reformatorischen Bildprogramm entsprachen, wurden aus den Kirchen entfernt und überdauerten in den neu eingerichteten »Götzenkammern« die Zeiten.

Auch der Wolgemut-Altar sollte 1563 nach einer Beschädigung durch den Einsturz des Chorgewölbes der Marienkirche ersetzt werden, wie der damalige Superintendent Johann Petrejus forderte. Doch die Zwickauer wehrten sich und mit Unterstützung des Kurfürsten August wurde dieser im neu errichteten Chor 1565 wieder aufgestellt. Die damals bereits als bedeutend empfundenen Altarwerke wie die der auswärtigen Meister Wolgemut und Cranach konnten so auf Wunsch der Bürgerschaft in den Zwickauer Kirchen verbleiben.

Doch mit der Durchsetzung der neuen Glaubenslehre brach ein ganzer Handwerkszweig zusammen und damit für die Bildschnitzer die Existenzgrundlage. Nicht mehr Heiligenbilder und Altarwerke standen nun im Mittelpunkt der Gottesdienste, sondern das von der Kanzel gepredigte Wort Gottes. Zum Bild im Kirchenraum bekannte sich Martin Luther und sein Freund Lucas Cranach entwickelte nun auch neue Themen und Bildprogramme für die protestantische Kirche.

Meister wie Peter Breuer konnten sich auf diese neuen Herausforderungen nicht mehr einstellen. Ihm gelang es nicht, seine erfolgreiche Werkstatt und seinen Besitz schuldenfrei zu halten. 1537 und 1540 musste er sich Geld leihen und sein Grundstück verpfänden. Für sein wohl letztes Werk, ein Kruzifix aus dem Jahr 1539 für die Zwickauer Ratsstube, erhielt er 35 Groschen. Hier wird deutlich, wie sehr Breuer an den spätgotischen Stilmitteln bis zuletzt festhielt, obwohl sich schon längst die neue Formensprache der Renaissance durchgesetzt hatte.

Lucas Cranach d. Ä.,
Kunigundenaltar,
1517, Katharinenkirche
in Zwickau

◄
Das Heilige Grab des
Bildschnitzers Michael
Heuffner, es ist in
seiner Erscheinung
einer gotischen Kathe-
drale nachempfunden

Die Wiederentdeckung der Meisterwerke

Die in der Marienkirche eingerichtete »Götzenkammer« wurde erst nach über drei Jahrhunderten wiederentdeckt. Mit einem neuen Geschichtsbewusstsein in der bürgerlichen Gesellschaft weckten diese Werke das Interesse von Historikern und Baupflegern. Diese Bürger organisierten sich im 19. Jahrhundert in Altertumsvereinen und begannen, sich um den Erhalt der Zeugnisse vergangener Zeiten zu bemühen. Sie bauten eigene Sammlungen auf, die oftmals später zur Grundlage der Museumsbestände wurden. Auch dem 1857 gegründeten Altertumsverein für Zwickau und die Umgegend kommt hier eine besondere Bedeutung zu. Der 1885 neu gegründete Verein war schließlich neben dem 1864 gegründeten Kunstverein einer der wichtigen Initiatoren für einen Museumsbau.

Die ehemals auf Dachböden, Speichern und in der Götzenkammer befindlichen Altertümer, aber auch angekaufte Werke oder Leihgaben aus den Kirchgemeinden, die zum Beispiel in neugotisch renovierten oder neu gebauten Kirchen keine Verwendung mehr fanden, kamen in Zwickau 1914 in das neue König-Albert-Museum, die heutigen Kunstsammlungen. Mitte der 1920er Jahre, mit der Einsetzung des Kunsthistorikers Hildebrand Gurlitt als erstem hauptamtlichen Museumsdirektor, konnte diese Sammlung sakraler Kunst wissenschaftlich bearbeitet und publiziert werden.

An Gurlitts Konzeption knüpft auch die seit 2011 wiedereröffnete Präsentation im Museum unter dem Titel »Im Himmel zu Hause. Christliche Kunst zwischen Gotik und Barock« an. In einem groß angelegten Restaurierungsprojekt konnten die stark geschädigten Kunstwerke jener wichtigen Epoche in den letzten Jahren gerettet werden. Heute kann in der Dauerausstellung die eindrucksvolle Kunst der sächsischen und böhmischen Spätgotik bewundert werden. Neben Peter Breuers Werken (u. a. Altäre aus Vielau und Niedercrinitz, Gesprengefiguren aus Stangengrün und Mülsen) stehen Altarfiguren von Michael Heuffner und Leonhard Herrgott im Mittelpunkt der stimmungsvollen Präsentation. Aber auch viele Bildwerke und Altäre unbekannter Meister, wie etwa der Lugauer Altar (1516) mit der Darstellung der Heiligen Sippe, gehören zu den Höhepunkten. Ihre Erhaltung und eine zeitgemäße Vermittlung zählen heute zu den Schwerpunkten der musealen Arbeit in den KUNSTSAMMLUNGEN ZWICKAU. •

▶ **DR. PETRA LEWEY**
ist Leiterin der KUNSTSAMMLUNGEN ZWICKAU
Max-Pechstein-Museum.

Auf Robert Schumanns Spuren

Ein musikalischer Stadtrundgang durch die Geburtsstadt
des romantischen Komponisten

—

VON FRANZISKA MARKOWITZ

Robert Schumann,
Lithographie von
Joseph Kriehuber
(1800–1876), Wien
1839

größten Sohnes in mannigfaltiger Weise. So lädt das Schumann-Fest jedes Jahr im Juni zu Konzerten, Lesungen, Theater und Vorträgen ein. Mit dem Robert Schumann Konservatorium der Stadt Zwickau hat der musikalische Nachwuchs eine angesehene Lehrstätte – regelmäßig belegen die Schüler vordere Plätze bei nationalen Wettbewerben. Auf musikalische Spurensuche begibt man sich mit dem innerstädtischen Schumann-Rundweg, der die Besucher zu den Orten führt, die in Zusammenhang mit dem Komponisten stehen.

Robert-Schumann-Haus

Die Spurensuche beginnt, wo Robert Schumann am 8. Juni 1810 das Licht der Welt erblickte: im Eckhaus, Hauptmarkt 5. Das Robert-Schumann-Haus ist heute Museum, Konzertsaal und internationales Forschungszentrum in einem. Es beherbergt die weltweit größte Schumann-Sammlung mit mehr als 4.000 Originalhandschriften des Komponisten und seiner Gattin, der Pianistin Clara, geb. Wieck. Seit 1956 hat das 1910 gegründete Schumann-Museum hier sein Zuhause. Zuvor war es im König-Albert-Museum in der Lessingstraße untergebracht. Das originale Haus hatte 1955 abgerissen werden müssen. Aufgrund der hohen Bedeutung für die Stadt begann man aber umgehend mit dem Wiederaufbau. Das äußere Erscheinungsbild blieb dabei vollständig erhalten.

Roberts Vater, August Schumann, der als Erfinder des Taschenbuchs gilt, betrieb hier am Hauptmarkt eine Buch- und Verlagshandlung. Ein Teil dieses Bestandes ist in der Dauerausstellung zu besichtigen. In acht Räumen zeigt die Schau wertvolle Bilder, Musikinstrumente, Drucke, Handschrif-

» ... sage Allen, daß trotz aller Alpen, mein liebes Zwickau doch mein liebes, theures Zwickau bleibt.« Diese Zeilen schrieb Robert Schumann am 31. August 1829 in einem Brief an seine Mutter während eines Aufenthaltes in der Schweiz. Zeit seines Lebens hat er seine Heimatstadt geliebt. Schumann, der in Zwickau Kindheit und Jugend verbrachte, stieg zum wohl bedeutendsten Komponisten der deutschen Romantik auf. Die Stadt Zwickau ehrt und bewahrt das Andenken an das Leben und Schaffen ihres

ten und Erinnerungsstücke. Diese reichen von der Haarlocke Claras bis zum Schachspiel Robert Schumanns. Das Geburtszimmer im ersten Stock ist heute als Gedenkzimmer mit historischem Mobiliar aus dem Besitz der Eheleute Schumann eingerichtet.

Bestandteil der Ausstellung sind zudem sechs historische Tasteninstrumente der Schumann-Zeit. Zu den besonderen Prunkstücken zählen der Wiener Flügel von André Stein, auf dem Clara mit gerade einmal neun Jahren ihr erstes Konzert im Leipziger Gewandhaus gab, sowie ein Pedalflügel, den man mit Händen und Füßen spielen kann. Der Flügel wurde von Claras Cousin, Wilhelm Wieck, gebaut und wird durch ein Pedalinstrument von Wilhelm Hirl ergänzt.

Musikalische Spurensuche

Der Weg führt durch die Münzstraße zum Kornmarkt. Im 19. Jahrhundert stand dort, wo sich heute der Jakob-Leupold-Bau der Westsächsischen Hochschule befindet, das Hotel »Zur Grünen Tanne«. Das Haus wurde nach dem Zweiten Weltkrieg abgerissen. Sowohl als Gymnasiast als auch bei späteren Besuchen kehrte Schumann stets dort ein. Außerdem besuchte er die Konzerte der Casinogesellschaft. Am Nikolaustag 1835 konzertierte hier die junge Clara Wieck.

In den Priesterhäusern wohnte im Haus mit der Nummer fünf der Schullehrer Johann Gottfried Kuntsch, der ab 1802 Organist an der Marienkirche war. Ab 1817 ging der siebenjährige Robert zu ihm in den Klavierunterricht.

Im Taufregister der Marienkirche ist am 14. Juni 1810 seine Taufe verzeichnet, elf Jahre später hatte er dort unter der Leitung seines Klavierlehrers den ersten großen Auftritt. 1837 urteilte Schumann über das Gotteshaus: »Eines der merkwürdigsten Gebäude in Sachsen, dunkel und etwas phantastisch von Aussehen, ist es.« Ein Ort, der direkt mit dem Wirken Luthers verwoben ist. Schumanns Beziehungen zu Luther sind eher historischer Natur. Wie zu dieser Zeit üblich, erhielt Schumann die Taufe und Konfirmation sowie Religionsunterricht. Seine religiöse Bildung entsprach dem üblichen Maße der Zeit. Er beschäftigte sich höchst unterschiedlich mit der Person Martin Luthers. In seiner »Neuen Zeitschrift für Musik« zitierte er gern die Tischreden des Reformators, aber auch die Choräle Luthers finden sich in Schumanns Schriften wieder.

Die Route führt zurück auf den Hauptmarkt zum Rathaus, denn mit der Frau des Bürgermeisters Ruppius verband Robert Schumann ein besonders inniges Verhältnis. Sie war nicht nur seine Patentante, sondern erzog ihn von 1813 bis 1815 zwei Jahre lang im eigenen Haus. Grund hierfür war die Typhus-Erkrankung von Roberts Mutter. Da man fürchtete, der kleine Robert könne sich anstecken, übergab man ihn der Obhut seiner Patentante.

Direkt neben dem Rathaus befindet sich ein weiteres historisch bedeutsames Gebäude Zwickaus: das Gewandhaus. Errichtet wurde es 1522/25 als Zunfthaus der Tuchmacherinnung. 1823 erlebte der 13-jährige Robert Schumann hier die Eröffnung des Hauses als Theater mit der Inszenierung von Carl Maria von Webers »Der Freischütz«. 1832 erklang hier erstmals der Kopfsatz seiner Jugendsinfonie und im Jahre 1847, anlässlich des ersten Zwickauer Schumann-Fests, führte man im Gewandhaus seine 2. Sinfonie op. 61 sowie das Klavierkonzert op. 54, vorgetragen von seiner Frau Clara, auf. Höhepunkt der Feierlichkeiten war die Aufführung des eigens

Das Geburtszimmer ist heute komplett mit Mobiliar aus dem Besitz der Eheleute Schumann als Gedenkzimmer eingerichtet

◄

Das Robert-Schumann-Haus Zwickau beherbergt mit über 4.000 Originalhandschriften die weltweit größte Sammlung zu Robert Schumann und seiner Frau Clara, geb. Wieck

Gewandhaus neben
dem Rathaus

für das erste Schumann-Fest komponierten Chorsatzes »Zum Abschied zu singen« op. 84.

Das Gewandhaus im Rücken, blickt man auf den »Goldenen Anker«. Ursprünglich stand hier ein im Jahre 1480 errichtetes und von Amtshauptmann Martin Römer gestiftetes Bürgerhaus mit Staffelgiebel und zwei Erkern. Es wurde jedoch 1870 abgerissen und im Stile des Historismus wieder errichtet. 1835 kam es hier zum zweiten Kuss zwischen Robert und Clara.

Ein Denkmal für den größten Sohn der Stadt

Den Ostspiegel des Hauptmarktes ziert Robert Schumann höchst persönlich: sitzend auf einem Stuhl, thront er in Bronze auf einem Sockel und blickt versunken in die Ferne. Das Denkmal ist eines der meist fotografierten Motive der Stadt. Bereits 1885 gründete sich ein Komitee zur Errichtung eines würdigen Denkmals zu Ehren des berühmten Sohnes der Stadt. Den Vorsitz hatte ein gewisser Prof. Schnorr, der sich schriftlich an die Witwe des Komponisten, Clara Schumann, wandte, um sie über das Vorhaben zu informieren.

Als Termin zur Einweihung nannte man zunächst Schumanns 100. Geburtstag. Doch bereits

Ende der 1890er Jahre hatte man das Geld für das Ehrenmahl – immerhin 35.000 Mark – gesammelt und schrieb einen Wettbewerb aus. Der Entwurf von Johannes Hartmann (1869–1952) gewann, weil er sich von den übrigen sehr romantisierenden deutlich abhob. Er zeigte Schumann sitzend in seinem Arbeitsstuhl. 1901 war das Werk fertig und wurde feierlich eingeweiht. An der Feierstunde nahmen die Schumann-Töchter Marie, Elise und Eugenie, Enkel und Urenkel sowie die Freunde des Komponisten Joseph Joachim und Carl Reinecke teil. Letzterer komponierte für diesen Anlass eine Festhymne.

So bewegt wie die Entstehungsgeschichte ist auch der weitere Werdegang des Denkmals, wechselte es doch bis heute dreimal den Standort. Seit 1993 steht es wieder an seinem Platz auf dem Hauptmarkt und ist Zentrum der alljährlich am 8. Juni stattfindenden Geburtstagsgrüße für Robert.

Im Schloss Osterstein, das ab 1775 als Zuchthaus genutzt wurde, arbeitete in den Jahren 1904–1922 Martin Kreisig als Lehrer und Kantor in der Strafanstalt. Als Sohn eines ehemaligen Schumann-Schülers erhielt er den Auftrag, eine Sammlung über den Komponisten zusammenzutragen. Sie entwickelte sich zu einem umfangreichen Schumann-Museum, dessen erster Leiter Kreisig wurde. ●

Spaziergang von der Gründerzeit zum Jugendstil

Zwickaus Stadtbild wurde maßgeblich im 19. Jahrhundert geprägt

—

VON FRANZISKA MARKOWITZ

Die Region Südwest-Sachsen ist heute für ihre vielen erhaltenen Zeugen einer reichen Industriekultur bekannt. Vor allem der Berg-, Maschinen und Automobilbau sowie Textilfabriken siedelten hier. Die Industrialisierung seit dem 19. Jahrhundert machte die Gegend mit den Städten Zwickau und Chemnitz zu einer aufstrebenden Wirtschaftsregion. Sie gibt mit großen gründerzeitlichen Wohnquartieren noch heute Zeugnis davon. Die wachsende Industrie benötigte immer mehr Arbeiter, die wiederum eine Bleibe suchten. Die Einwohnerzahl Zwickaus stieg zwischen 1890 und 1910 von rund 44.000 auf 73.000 Menschen an. Das hatte eine Stadterweiterung gen Norden zur Folge. Dieses dichte Quartier zählt heute zu den beliebtesten Gegenden Zwickaus.

Besonders die Viertel nördlich vom Zentrum und die Bahnhofsvorstadt sind gut erhaltene Beispiele einer geschlossenen Blockrandbebauung. Dort bildeten sich Häuserkarrees mit einem Innenhof.

Zeitlich lässt sich die Bauphase der Gründerzeit auf etwa 1830 bis 1900 datieren. Sie birgt jedoch auch einige Widersprüche in sich: Auf der einen Seite gab es durch die Industrialisierung neue Bedürfnisse und Funktionen, auf der anderen Seite hielt man vehement an alten Stilen und deren Dekorationselementen fest. Die beiden Strömungen dieser Zeit – Historismus und Eklektizismus – unterschieden sich vor allem in ihrer Formensprache. Während die Bauten des Historismus fast ausschließlich mit einem einzigen Stil pro Bauwerk auskamen, kombinierte der Eklektizismus verschiedenste Epochen miteinander.

Das Johannisbad im Norden der Stadt ist ein besonderes Kleinod, das Epochen wie Jugendstil und Neogotik mit einem Hauch orientalischer Badekultur vereint

▶
Detail am Poetenweg

◀ **Seite 29**
Bahnhofsviertel mit Lutherkirche

Vor allem ab Mitte des 19. Jahrhunderts drängten immer mehr industriell gefertigte Dekorationselemente auf den Markt, die es nahezu jedem ermöglichten, davon etwas zu verbauen, so dass es zu einer einsetzenden »Stilverwilderung« kam. Längst stand ein Zusammenhang zwischen Form und Funktion nicht mehr im Mittelpunkt, sondern es ging lediglich um schmückende, optische Effekte. Dies sorgte zunehmend für Unmut unter den Architekten der Zeit.

Ein ganz besonderes Gebäude aus den Gründerjahren befindet sich in der Johannisstraße 16 – das Johannisbad. Es gilt gleichermaßen als Kulturdenkmal des Historismus und des Jugendstils.

1866 erhielt der Zwickauer Architekt Gotthilf Ludwig Möckel, der u. a. die Lukaskirche in Zwickau-Planitz und mehrere Villen im Stadtgebiet entwarf, den Auftrag für die Badeanstalt. Bereits 1869 waren die Bauarbeiten abgeschlossen und Dr. Schlobig konnte den Komplex als Bade- und Therapieeinrichtung in Betrieb nehmen. Das äußere Erscheinungsbild, typisch für Möckel, ist im neogotischen Stil gehalten. Im Inneren klingen Elemente des Jugendstils bereits an und verzaubern den Gast mit römisch-orientalischer Atmosphäre.

Durch alle Zeiten hindurch war es stets unter den Zwickauern eine beliebte Einrichtung, die zwar beide Weltkriege überstand, letztlich aber 1991 wegen Baufälligkeit geschlossen werden musste. Bemühungen von Stadt und Bürgerverein führten dazu, dass man seit 2000 das Bad mit all seinen Vorzügen wieder genießen kann.

Der Begriff »Jugendstil« geht auf die 1886 gegründete Kulturzeitung »Jugend« zurück. Ziel war eine Verschmelzung von Kunst und Leben. Die neue Stilrichtung leitete das Ende der Gründerzeit ein. Sie verstand sich als bewusster Gegenentwurf zu diesem dekorationsüberfrachteten Stilmix. Prägend waren neue charakteristische Ornamente aus der Natur und geschwungene Linien, die die vorherrschende zitierende Formensprache überwanden. Der »Jugendstil« als architektonische Epoche war zwar nur von kurzer Dauer, dennoch ebnete diese Strömung den Weg in die klassische Moderne und war richtungsweisend für eine ganze Generation.

Seinen Ursprung hat der Jugendstil in England. Dort nutzte man die Formensprache japanischer Kunst. Die Künstler begannen, sich den Dingen des täglichen Bedarfs zuzuwenden, und schufen so Alltagskunst. Federführend waren hier der britische Maler, Architekt, Dichter und Ingenieur William Morris und seine Arts-and-Craft-Bewegung. Es war eine Hinwendung zum Kunsthandwerk und weg von industrieller Massenanfertigung. In Belgien waren vor allem die beiden Architekten Henry van de Velde und Victor Horta von großer Bedeutung für die Einführung des neuen Stils. Van de Velde schuf einen großen Teil seiner Werke in Deutschland.

Ab den 1890er Jahren revolutionierte dieser neue und frische Stil die deutsche Architekturlandschaft. Ausgehend von den großen Metropolen erfasste die Jugendstilwelle auch das wirtschaftlich starke Zwickau. Porzellanmanufakturen und Druckereien wandten sich genauso der neuen Stilrichtung zu

Saal des Konzert- und
Ballhauses »Neue Welt«

wie die Schmiedekunst. Zunehmend orientierten sich Zwickauer Handwerker an der neuen Richtung. So auch der Kunstschmied Artur Lange, der an der Ausstattung der Lutherkirche beteiligt war, aber auch die Handläufe und Geländer, Türen und Balkonbrüstungen für die Gebäude der Kolpingstraße 8 und August-Bebel-Straße 1a entwarf.

Dennoch setzte sich die neue Stilrichtung in der Stadt an der Mulde nur langsam und zögerlich durch. Viele Bauten, die auf den ersten Blick dieser Richtung entstammen, tragen lediglich das zeittypische aufgesetzte Dekor, sind aber in ihrer architektonischen Struktur nicht verändert. Solche Häuser finden sich beispielsweise am Poetenweg 28–36 und wurden zwischen 1900 und 1902 von Emil Otto erbaut. Sein Schaffen zeigt, wie sich schrittweise die Hinwendung zum Jugendstil vollzog: Die Häuser Poetenweg 22–26 und Moritzstraße 14, die 1904–1906 entstanden, weisen schon einen stärkeren Formenwandel auf. Doch auch hier finden in der Fassadengestaltung noch die vorgefertigten Zierelemente Verwendung.

Das Zwickauer Büro für Architektur und Bauleitungen C. Oertel war 1902–1907 für zahlreiche Jugendstilbauten Zwickaus verantwortlich. Doch Inhaberin Anna Clara Oertel war nicht die Einzige, die sich des neuen Stils annahm. Paul Dreßler entwarf die Gebäude August-Bebel-Straße 1a (1903), Crimmitschauer Straße 76 (1904) und Kolpingstraße 8 (1905) sowie das seinerzeit neue Gebäude der 1897 gegründeten Zwickauer Ingenieurschule (1902/03). Heute beherbergt das Haus die Finanz-

ämter von Stadt und Landkreis Zwickau. Aus der Feder August Hennigs entstammen die Parkstraße 24 (1900) und Poetenweg 13 (1903).

Zwickau verfügt über zwei ganz besondere Schmuckstücke des Jugendstils: In der Lutherstraße steht ein sakraler Bau, der vollkommen im Jugendstil ausgeführt ist – die Lutherkirche. Im Norden der Stadt, an der Leipziger Straße, steht das Konzert- und Ballhaus »Neue Welt« von 1903. Die Fassade in Kombination mit dem Innenraum und dem parkähnlichen Garten bildete zur Entstehungszeit eine eindrucksvolle gestalterische Einheit. Diese ging durch Überformungen und Anbauten leider verloren. Die eher schlichte Fassade wird vor allem durch den großen geschwungenen Giebel geprägt. Der Entwurf stammt vom Stuttgarter Architekten Johannes Henning. Im Inneren des Baus erwartet den Besucher einer der schönsten Terrassensäle Sachsens. Die typische Jugendstilgestaltung zeigt sich in der Balustradenform, dem Deckenstuck und Wandfries. Reine Jugendstilkaryatiden mit Lichthäuptern tragen die Decke. Die Bühne wird von Rosenstöcken umrahmt, deren Blüten ebenfalls die Funktion von Leuchten übernehmen. Für die Kronleuchter wählte man die Form von Sonnenblumen. Heute wie damals finden in diesem einzigartigen Saal Veranstaltungen unterschiedlichster Couleur statt. ●

Gastronomie und Veranstaltungen

Zwickauer Bürgersteak

Das Rezept entstand im Verein Zwickauer Köche e. V. und ist auf diversen Speisekarten regionaler Gaststätten seit Jahren fester Bestandteil. Zwickau als kulinarisches Grenzgebiet zwischen Erzgebirge und Vogtland hat so auch ein Identifikationsobjekt.

Zutaten für 4 Personen

600 g Schälbraten, 50 g saure Sahne, 40 g Sächsischer Senf mittelscharf, 60 g Gewürzgurken, 60 g Saft- und Kochschinken, 60 g Zwiebeln, 2 Hühnereier, 30 g Weizenmehl, 20 g Pflanzenfett, 80 g Speiseöl, Knoblauchpulver, Steakpfeffer, Salz.

Zubereitung

* *Aus dem Schälbraten 150 g schwere Steaks portionieren und diese taschenförmig aufschneiden (zur Aufnahme der Füllung) und gut klopfen.*
* *Mit einer Mischung von mittelscharfem Senf und saurer Sahne im Verhältnis 1/1 die Innenseiten gut bestreichen.*
* *Steak wieder zusammenklappen und 24 Stunden in einem geschlossenen Gefäß im Kühlschrank marinieren lassen.*
* *Schinken- und Zwiebelwürfel in Fett anschwitzen und auskühlen lassen.*
* *Mit fein geschnittenen Gurkenwürfeln, grob gemahlenem Pfeffer und Knob-*

lauchpulver vermischen (Füllung der Steaks).
* *Diese Füllung auf die marinierten Steaks streichen, zusammenklappen, melieren und in einer leicht gesalzenen Eihülle in Öl bei mittlerer Hitze goldgelb braten.*
* *Mit Knoblauchpulver und Pfeffer sparsam umgehen (Knoblauchgeschmack soll nicht dominieren).*

Als Beilage empfehlen wir Zwiebelröstkartoffeln oder Kräuterpüree und einen Frischkostsalat aus der Region, je nach Saisonangebot.

Automobile Tradition im Wandel der Zeit

Was haben ein Audi und ein Trabant gemeinsam? Ihre Wiege stand in Zwickau. So verwundert es nicht, dass dem Automobilpionier August Horch und der motorisierten Tradition der Stadt mit dem August Horch Museum ein eigenes Ausstellungshaus gewidmet wurde. Hier reihen sich so große Namen wie Horch, DKW, Wanderer, Audi und VW aneinander. Aber auch der Trabant – des Ostens geliebte »Rennpappe« – hat hier seinen würdigen Platz gefunden. Für die Freunde alter und neuer Autos ist Zwickau besonders im Sommer eine Reise wert, wenn mit der AvD-Rallye (Mai), August Horch Klassik (Juli) und SachsenClassic (August) gleich drei große PS-verstärkte Events in der Muldestadt gastieren.

▶ www.zwickau.de

Die Schumann-Zeit zu Gast in Zwickau

Immer am zweiten Septemberwochenende lädt die Stadt an der Mulde zum »Historischen Markttreiben wie zu Schumanns Zeiten« ein. Seit dem Schumann-Jahr 2010 ist die Veranstaltung thematisch in der Zeit des Biedermeier verankert. Zahlreiche Gaukler, Künstler, Akrobaten und Musiker nehmen die Besucher mit auf eine unterhaltsame Zeitreise ins 19. Jahrhundert. Wer vom Altstadtbummel müde geworden ist, kann in historischen Kutschen durch die Gassen Zwickaus fahren.

▶ www.zwickau.de

Schumann-Fest

Der Geburtsstadt Robert Schumanns ist es eine Herzenssache, das Andenken an den großen deutschen Romantiker in Ehren zu halten. Noch zu Lebzeiten Schumanns, 1847, begann die Tradition eines Schumann-Festes in Zwickau. Jedes Jahr im Juni treffen sich rund um den Geburtstag Schumanns namhafte Künstler aus dem In- und Ausland, um die Werke Schumanns, seiner Gattin Clara, geb. Wieck, und ihrer Zeitgenossen aufzuführen. Alle zwei Jahre wird zudem der Robert-Schumann-Preis der Stadt Zwickau an Künstler, Wissenschaftler und Institutionen verliehen, die sich um die Pflege des musikalischen Erbes Schumanns verdient gemacht haben.

▶ www.schumann-zwickau.de

Riesen Sommersause im Herzen der Stadt – das Zwickauer Stadtfest

Am dritten Augustwochenende verwandelt sich die Zwickauer Innenstadt mit Haupt- und Kornmarkt sowie Domhof und MuldeParadies in eine große Partymeile. Von Donnerstag bis Sonntag bietet das Stadtfest mit drei Hauptbühnen sowie einer Kinderbühne in Zwickaus grüner Oase an der Mulde Abwechslung und gute Stimmung pur. Das Warm-Up am Donnerstag in Form der Newcomer Night bringt Nachwuchsbands auf die Bühne am Hauptmarkt.

▶ www.stadtfest-zwickau.de

Speisen in historischem Ambiente

Zwickaus Altstadt verfügt über einen hohen Anteil historischer Bausubstanz. So verwundert es nicht, dass sich in zahlreichen geschichtsträchtigen Bauten gemütliche Cafés und Restaurants befinden:

▶ **Brauhaus Zwickau**
1. Zwickauer Gasthausbrauerei & Brennerei
Peter-Breuer-Straße 12–20 (direkt neben den Priesterhäusern),
08056 Zwickau
Telefon 0375 3032032
www.brauhaus-zwickau.de
Öffnungszeiten: täglich 10 bis 24 Uhr

▶ **Alte Münze Zwickau**
Hauptmarkt 6 (gegenüber dem Robert-Schumann-Haus),
08056 Zwickau
Telefon 0375 44067800
www.alte-muenze-zwickau.de
Öffnungszeiten: täglich 11 bis 14 Uhr und ab 17 Uhr

▶ **Wenzel Prager Bierstuben**
Domhof 2 (neben dem Dom St. Marien), 08056 Zwickau
Telefon 0375 2737542
www.wenzel-bierstuben.de
Öffnungszeiten: Sonntag bis Donnerstag 11 bis 22 Uhr,
Freitag/Samstag 11 bis 23 Uhr

▶ **Markt-Café Restaurant Zwickau**
Hauptmarkt 1 (Rathaus), 08056 Zwickau
Telefon 0375 27137844
www.marktcafe-zwickau.de
Öffnungszeiten: täglich ab 9 Uhr

▶ **CITYLIGHT Café – Bar – Lounge**
Hauptmarkt 17/18 (Kräutergewölbe), 08056 Zwickau
Telefon 0375 2145968
www.citylight-zwickau.de
Öffnungszeiten: Montag bis Donnerstag und Sonntag 11 bis 23 Uhr,
Freitag/Samstag 11 bis 1 Uhr

Weihnachtszauber in bergmännischer Tradition

Nach dem Totensonntag legt sich eine festliche Stille über Zwickau und das Erzgebirge. Wenn die Adventszeit beginnt, erhellen tausende Lichter die Region. Der Glanz, der auch auf dem Zwickauer Weihnachtsmarkt die Besucher in seinen Bann zieht, liegt im Bergbau begründet. Das Licht galt den Bergleuten in ihren langen Schichten unter Tage als heilig. Der Schwibbogen, Engel und Bergmann, Pyramiden und Räuchermänner gehören hier seit langer Zeit zum Weihnachtsfest, genau wie der Stollen. All diese traditionellen Produkte kann man auf dem Zwickauer Weihnachtsmarkt, der sich vom Haupt- bis zum Kornmarkt erstreckt, bestaunen und genießen. In bergmännischer Tradition findet am Samstag des 3. Adventswochenendes die Parade der Uniformträger und Bergkapellen mit über 400 Teilnehmern statt. Start ist am Glück-Auf-Center mit Weg durch die Innenstadt hin zum Domhof, wo das große Abschlusskonzert mit dem gemeinsamen Singen des Steigerliedes »Glück auf, der Steiger kommt« stattfindet.

▶ www.weihnachtsmarkt-zwickau.de

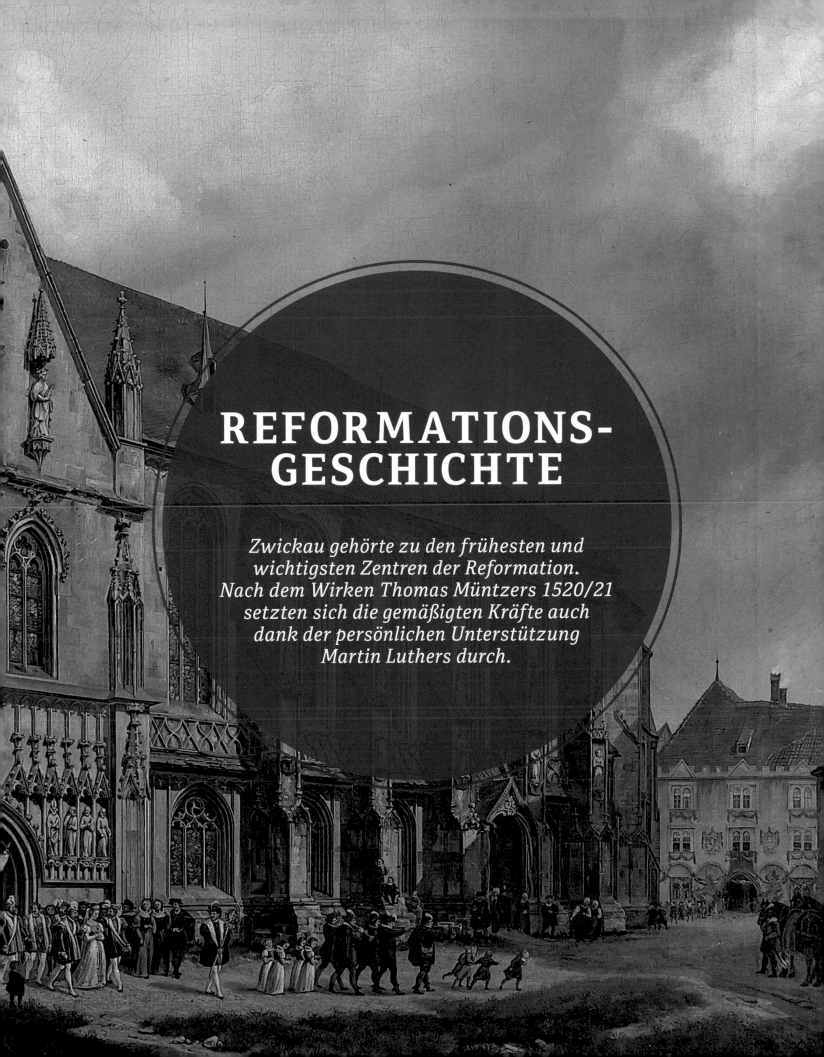

REFORMATIONS-GESCHICHTE

Zwickau gehörte zu den frühesten und wichtigsten Zentren der Reformation. Nach dem Wirken Thomas Müntzers 1520/21 setzten sich die gemäßigten Kräfte auch dank der persönlichen Unterstützung Martin Luthers durch.

Die Bürgerreformation

*Zwickau gilt neben Wittenberg und Torgau als Zentrum
der Reformation in Kursachsen*

—

VON SILVA TEICHERT

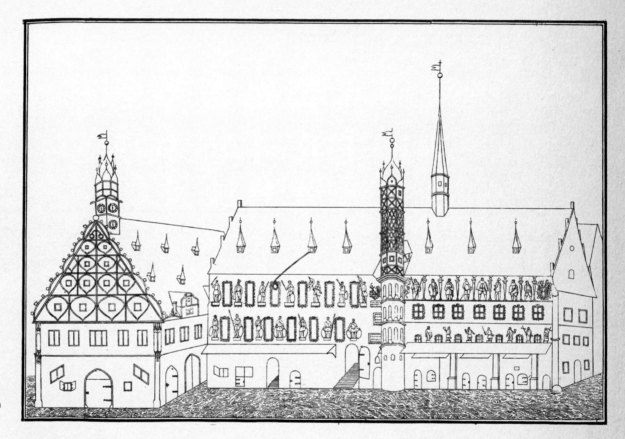

◀ **Seite 34/35**
Marienkirche im
Mittelalter, Öl
auf Leinwand, Johann
Gottfried Pulian
(1809–1875), nach
einem Stich Christian
Gottlob Hammers

▶
Ansicht von Gewand-
haus und Rathaus, um
1840

Neben Torgau, dem Zentrum der Macht, und Wittenberg, dem Zentrum von Bildung und Wissenschaft, galt Zwickau als das dritte Zentrum der Reformation. Hier erwuchs das Verlangen nach grundlegenden gesellschaftlichen Veränderungen maßgeblich aus den Reihen eines selbstbewussten und aufstrebenden Bürgertums. Die Lage in der Stadt war zu Beginn des 16. Jahrhunderts sehr angespannt. Vor allem Schule, Kirche und Kloster stellten dabei die Bereiche dar, in denen sich die unterschiedlichen Auffassungen dieser Zeit konzentrierten und bereits zu eskalieren drohten.

Zwickau entwickelte sich, begünstigt durch die Lage an einer flößbaren Muldenfurt und an der Kreuzung zweier wichtiger Handelsstraßen, der Salzstraße von Halle-Leipzig nach Prag und dem »Polnischen Gleis« von Krakau nach Süddeutschland, seit dem 12. Jahrhundert zu einem bedeutenden Wirtschaftszentrum. Handel und Handwerk florierten. Besonders das Tuchmacherhandwerk und der damit verbundene Tuchhandel sowie das eisenverarbeitende Gewerbe waren die dominanten Erwerbszweige.

Bereits seit dem 14. Jahrhundert ist ein städtischer Rat nachweisbar, der sich vorrangig aus Zunftmeistern und Vertretern des Gelehrten- und Handelsstandes zusammensetzte. Dieser stand einem differenziert und gut ausgebauten städtischen Verwaltungsapparat von rund 80 Beamten vor.

Wohlstand durch Silberbergbau im Erzgebirge

Einen entscheidenden Entwicklungsschub erhielt die Stadt in der zweiten Hälfte des 15. Jahrhunderts. Um 1470 stießen die Zwickauer Bürger Martin Römer und Hans Federangel, die u. a. Bergbau bei Schlema betrieben, am Schneeberg auf gewaltige Silbererzvorkommen. In der Folge kam es zu einer einzigartigen Welle von Neugründungen von Bergstädten im Westerzgebirge, wobei Zwickau als das Versorgungs- und Koordinationszentrum fungierte. Für die wettinischen Landesherren gewann der Silberabbau eine besondere Bedeutung, deckten die Gewinne daraus doch zwei Drittel der Staatsausgaben. Da verwundert es nicht, dass Kurfürst Friedrich der Weise Zwickau als die »Perle in seinem Kurfürstentum« bezeichnet haben soll. Vor allem Martin Römer erwies sich beim Abbau dieser Vorkommen als ein äußerst geschickter und erfolgreicher Organisator, aber auch als einer seiner großen Nutznießer, der damit ein enormes Vermögen anhäufen konnte. Aber auch viele andere Zwickauer Bürger kamen zu großem Reichtum, indem sie ihr Vermögen in Bergwerksanteilen, sogenannten Kuxen, anlegten. Zu sehen war dieser Reichtum in besonders prachtvollen Gebäuden vor allem rund um den Markt. Zudem floss nun genügend disponibles Kapital in die Stadt, um vor allem dem Handwerk entscheidende Impulse zu verleihen.

Verbunden war der Silberreichtum mit einem enormen Bevölkerungswachstum. Zuhauf folgten Menschen insbesondere aus Mittel- und Oberdeutschland dem Ruf des Bergbaus, in der Hoffnung auf Arbeit und Wohlstand. Sollen um 1462 rund 3.800 Menschen in Zwickau gelebt haben, so verdoppelte sich die Einwohnerzahl bis 1530 auf ca. 7.500. Einher gingen damit neben Versorgungsengpässen und Teuerungen auch zunehmende soziale Differenzierungen. Nicht allen war der Anteil am großen Reichtum vergönnt. Das Kapital konzentrierte sich in den Händen weniger Reicher, die es für sich arbeiten ließen. Dagegen wuchs die Zahl der Besitzlosen, die nun für diese Oberschicht ihre Arbeitskraft zur Verfügung stellen mussten. Besonders im Tuchmacherhandwerk flossen erste frühkapitalistische Tendenzen in Form des Verlagswesens ein. Dabei bildeten sich scharfe Gegensätze zwischen arm und reich heraus, die sich vor allem in innerzünftigen Auseinandersetzungen zwischen Zunftmeister und Gesellen zuspitzten und einen nahrhaften Boden für gesellschaftliche Neuerungen und Sektierertum jeglicher Art boten. Zu nennen sind hier in erster Linie die sich vorwiegend aus plebejischen und armen Schichten rekrutierende Gruppe der Zwickauer Propheten um den Tuchmacher Nikolaus Storch und die Bruderschaft der Tuchknappen. Bereits vor 1520 kam es zudem mehrfach zu Streitigkeiten zwischen dem Rat und der Handwerkerschaft, die u. a. 1517 in der Huldigungsverweigerung gegenüber dem neu gewählten Rat gipfelten.

Bildung und Kirche vor der Reformation

Parallel dazu entwickelte die neu entstandene Oberschicht ein zunehmendes Bildungsbedürfnis. Besonders der Humanismus, der die Antike in ihrer ursprünglichen, unverfälschten Art als Maß aller Dinge ansah und sich damit auf die Wurzeln der Menschheit in ihrer reinen Form rückbesann, war seit dem ausgehenden 15. Jahrhundert stetig auf dem Vormarsch. Ein Ort, an dem das humanistische Gedankengut umfänglich Einzug gehalten hatte, war die Zwickauer Lateinschule, die über die Grenzen der Stadt hinaus berühmt war und eine große Anzahl einheimischer und auswärtiger Kinder und Lehrer vereinte. Aber auch außerhalb der Schule trafen die Ideen des Humanismus auf offene Ohren, so auch unter Vertretern des Rates, allen voran Bürgermeister Dr. Erasmus Stühler, genannt Stella. Bereits 1518 beschloss der Rat die Gründung einer Griechischschule, deren erster Rektor Georgius Agricola wurde. Allerdings wurden die Entwicklungen im städtischen Schulwesen nicht von allen Bürgern mit Begeisterung aufgenommen. Viele standen den Veränderungen in der Schulpolitik des Rates äußerst kritisch gegenüber.

In religiöser Hinsicht war zur damaligen Zeit der katholische Glaube Volksglaube, die Kirche Volkskirche, die das Leben der Menschen bis weit in ihren Alltag hinein durchdrungen hatte. So auch in Zwickau. Neben der Marienkirche als Hauptkirche, in der es vor der Reformation 23 reich ausgestattete Altäre gegeben haben soll, und der Katharinenkirche war es das Franziskanerkloster, welches das religiöse Leben in der Stadt bestimmte und sich eines großen Zuspruchs in weiten Teilen der Bevölkerung erfreute. Dieses Kloster bestand seit 1231 am Stadtrand zwischen Kornmarkt und Stadtmauer. Die hier lebenden Mönche sahen ihre Bestimmung in einer ausgeprägten Predigertätigkeit sowie im Sammeln von Almosen, wobei sich ihr Terminier-, also Sammelbereich über Glauchau, Crimmitschau, Lößnitz, Stollberg, Auerbach, Reichenbach und Chemnitz erstreckte.

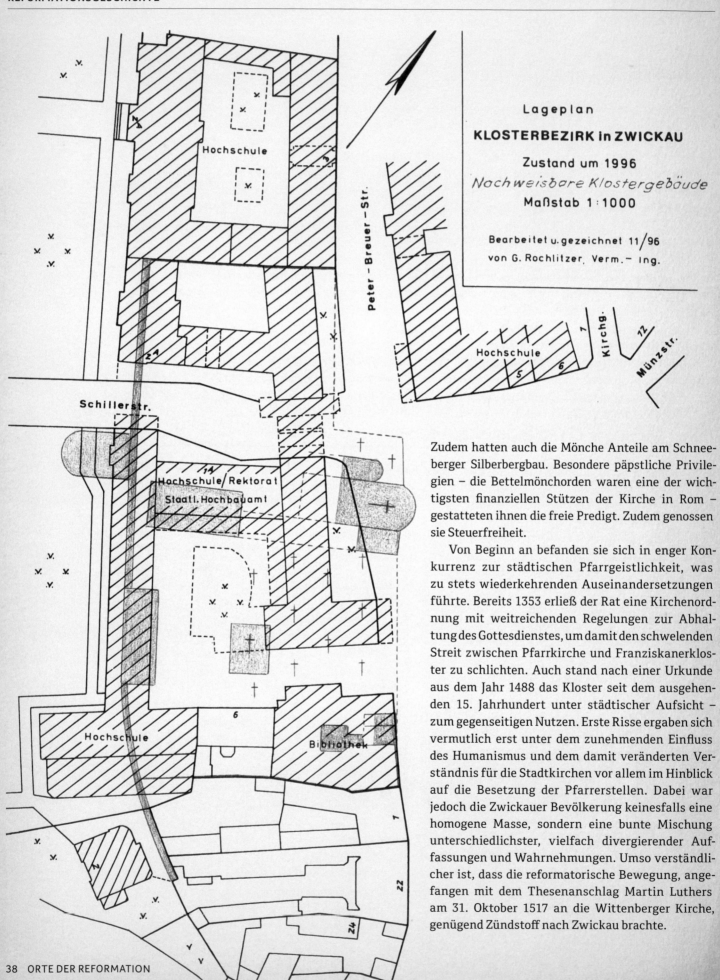

Lageplan
KLOSTERBEZIRK in ZWICKAU
Zustand um 1996
Nachweisbare Klostergebäude
Maßstab 1:1000

Bearbeitet u. gezeichnet 11/96
von G. Rochlitzer, Verm.–Ing.

Zudem hatten auch die Mönche Anteile am Schneeberger Silberbergbau. Besondere päpstliche Privilegien – die Bettelmönchorden waren eine der wichtigsten finanziellen Stützen der Kirche in Rom –
gestatteten ihnen die freie Predigt. Zudem genossen
sie Steuerfreiheit.

Von Beginn an befanden sie sich in enger Kon-
kurrenz zur städtischen Pfarrgeistlichkeit, was
zu stets wiederkehrenden Auseinandersetzungen
führte. Bereits 1353 erließ der Rat eine Kirchenordnung mit weitreichenden Regelungen zur Abhal-
tung des Gottesdienstes, um damit den schwelenden
Streit zwischen Pfarrkirche und Franziskanerkloster zu schlichten. Auch stand nach einer Urkunde
aus dem Jahr 1488 das Kloster seit dem ausgehenden 15. Jahrhundert unter städtischer Aufsicht –
zum gegenseitigen Nutzen. Erste Risse ergaben sich
vermutlich erst unter dem zunehmenden Einfluss
des Humanismus und dem damit veränderten Verständnis für die Stadtkirchen vor allem im Hinblick
auf die Besetzung der Pfarrerstellen. Dabei war
jedoch die Zwickauer Bevölkerung keinesfalls eine
homogene Masse, sondern eine bunte Mischung
unterschiedlichster, vielfach divergierender Auffassungen und Wahrnehmungen. Umso verständli-
cher ist, dass die reformatorische Bewegung, ange-
fangen mit dem Thesenanschlag Martin Luthers
am 31. Oktober 1517 an die Wittenberger Kirche,
genügend Zündstoff nach Zwickau brachte.

Die reformatorischen Ideen fassen Fuß

Seit 1517 wirkte der aus Eger stammende Johannes Wildenauer an der Marienkirche, der sich nach Humanistenbrauch Egranus oder kurz Egran nannte. Während seines Studiums knüpfte er erste Verbindungen nach Zwickau. Seine Amtszeit war von all den vorherrschenden Spannungen in der Stadt geprägt. Er bekannte sich zum sogenannten »Bibelhumanismus«, also zurück zu den christlichen Wurzeln, und übte heftige Kritik an der Kirche in Rom. Dabei traf er den Nerv einer breiten Öffentlichkeit, denn eine gewisse Romfeindlichkeit war in der Stadt unverkennbar. Seine kritischen Äußerungen zum Annenkult, zu Beichte, Buße, Ablasshandel sowie zum Reichtum der Klöster, zunächst von der Kanzel, später in öffentlichen Verteidigungsschriften, brachten ihn dabei mit der Zwickauer Klostergeistlichkeit in Konflikt, aber auch mit Teilen des örtlichen Klerus. Diese verklagten ihn beim Bischof zu Naumburg. Obwohl er sich der Unterstützung durch den Zwickauer Rat unter Dr. Stühler gewiss sein konnte, war er den öffentlichen Anschuldigungen und Anfeindungen auf Dauer nicht gewachsen. Deshalb bat er im Frühjahr 1520 um Urlaub. Nachdem alle Versuche, ihn in Zwickau zu halten, scheiterten, beschloss der Rat, der das Besetzungsrecht vakanter Pfarrstellen innehatte, die Stelle für ein halbes Jahr freizuhalten und in dieser Zeit einen der Reformation offen gegenüberstehenden Vertreter einzusetzen.

Auf Empfehlung Martin Luthers, dem die Aufgeschlossenheit der Zwickauer Bürgerschaft für seine reformatorischen Ideen nicht verborgen blieb und der vielleicht auch aus diesem Grund 1519 dem Stadtvogt Hermann Mühlpfort seine Schrift »Von der Freiheit eines Christenmenschen« widmete, erhielt der temperamentvolle Thomas Müntzer die Predigerstelle an der Marienkirche. Müntzer galt zu dieser Zeit noch als treuer Lutheraner. In Zwickau wandte er sich aber zusehends von Luther ab, da dieser ihm in seinem Reformbestreben nicht weit genug ging. Seiner Auffassung nach konnte jeder Mensch allein durch die Bibel ohne Vermittlung der Kirche Zugang zu Gott und zum eigenen Seelenheil finden. Unbeeindruckt übte er massive Kritik am Bettelmönchswesen, unter dem die Stadt zunehmend litt.

Die Kirche in Rom benötigte viel Geld, das sie über die Geschäfte der Mönche einnahm. Dem Volke waren die Reinheit der Seele und damit der Platz im Himmel einiges an Geld wert. Dabei spielte besonders der Ablass eine herausragende Rolle. Bereits 1507 und 1514 weilte der Dominikanermönch Johannes Tetzel in der Stadt und betrieb massiven Ablasshandel. Gleich in seiner ersten Predigt donnerte Müntzer von der Kanzel: »... die Münche hetten meuler, das man wol 1 Pf. Fleisch abschneiden konnte, und behilten dennoch mauls genug...«. Seine Kritik richtet sich aber nicht nur gegen die Mönche selbst, sondern gegen alle, die mit ihnen sympathisierten. Mit seinen Predigten wollte er auf die Gemeinde Einfluss nehmen, sich dem von ihm verkündeten

Thomas Müntzer wirkte 1520/21 als Prediger in Zwickau. Wegen seiner radikalen Ansichten wurde er vom Rat entlassen und die Reformation nahm einen gemäßigten Verlauf.

Evangelium als neuer Glaubenshaltung anzuschließen. Er wollte die Stadtbevölkerung davon überzeugen, wie verderblich und gefährlich es sei, wenn sie weiterhin den Mönchen Glauben schenkten. Diesem Ziel galt sein Streben, dem er sich mit seiner ganzen Person stellte. Selbstredend erzeugte dies den Widerstand der Franziskaner. Nachdem ihre Klage gegen Müntzer vor dem Naumburger Bischof wenig Erfolg zeigte, predigten sie ihrerseits gegen dessen Thesen. Dass Müntzers Predigten schon damals radikale Ansätze enthielten, die später eine Gefahr für die innere Ordnung in der Stadt darstellen sollten, tolerierte der Rat. Noch stand er hinter seinem Prediger und wollte Müntzer auch nach der Rückkehr Egrans in Zwickau halten.

Egranus kam im Oktober 1520, auf ausdrücklichen Wunsch des Rates, zurück an die Marienkirche.

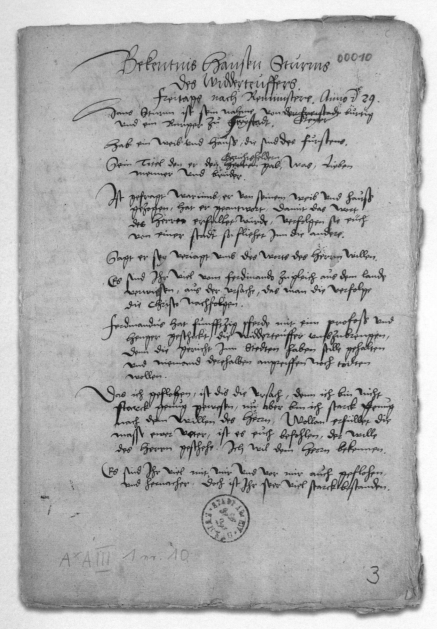

Auszug aus dem Verhörprotokoll des Wiedertäufers Hans Sturm, 1521

tes. Es brodelte gewaltig in der Stadt. Zudem verfielen im Angesicht der Pest, die bereits vor den Toren der Stadt wütete, zusehends Moral und Anstand. Besonders zwischen Rat und Handwerkern, aber auch innerhalb der Handwerkerschaft gärte es aufgrund der zunehmenden sozialen Differenzierung, woraufhin u. a. mehrere Gesellen vor dem Rat mit Nachdruck ihre Beschwerden vorbrachten und aus der Stadt wegzogen. Schließlich musste im November 1520 sogar der Kurfürst zur Deeskalation eingeschaltet werden. Dazu wurden die Bürger am 18. November vor das Rathaus befohlen, wo ihnen mit den Worten der herzoglichen Kanzlei mitgeteilt wurde, dass sie die bestehenden städtischen Ordnungen einzuhalten haben – offensichtlich ohne nennenswerten Erfolg, denn der angestaute Druck aufgrund des vielfältigen Konfliktpotentials musste sich irgendwo Luft machen. Dies geschah am 2. Weihnachtsfeiertag, als während der Predigt Müntzers der Marienthaler Pfarrer Hofer, der im Auftrag der päpstlichen Kirche Müntzers Tun erkunden sollte, von dessen Anhängern in der Katharinenkirche angegriffen und vertrieben wurde.

Noch stand der Rat, besonders Dr. Stühler, hinter Müntzer. Allerdings bekam dieses Verhältnis erste Risse, als Müntzer begann, sich auch gegen den Rat zu wenden. Sein Kampf galt nun nicht nur den bestehenden religiösen Verhältnissen, sondern auch den gesellschaftlichen Missständen, wofür er den Rat und die städtische Oberschicht verantwortlich machte. Zudem kam es zunehmend zu heftigen persönlichen und öffentlich ausgetragenen Auseinandersetzungen zwischen Müntzer und Egran, die auch die Bürgerschaft spalteten. Egran äußerte daraufhin mehrfach das Ansinnen, Zwickau erneut und endgültig verlassen zu wollen. Am 16. Februar 1521 wurden Egran und Müntzer auf das Rathaus gebeten, um sie zur Ruhe aufzufordern – vergeblich. Beide blieben unversöhnlich. Eine geläufige Form der damaligen Auseinandersetzungen waren Spottgedichte, Streitschriften und öffentliche Anschläge an und in Kirchen. Diese Möglichkeit nahmen sowohl die Anhänger Müntzers wie auch die von Egran intensiv wahr. Nachdem der Streit beider am 14. April 1521 in einem öffentlichen derben Spottgedicht gegen Egran gipfelte, für welches man Thomas Müntzer verantwortlich machte, wurde dieser am 16. April vor den Rat und den Amtshauptmann beordert. Eine wesentliche Rolle dürfte dabei der Tod von Bürgermeister Dr. Stühler am 2. April gespielt haben, verlor Müntzer doch damit seine

Müntzer erhielt daraufhin die vakante Predigerstelle an der Katharinenkirche. Sie war zu dieser Zeit einerseits Schlosskirche, aber andererseits auch Kirche der Handwerker, also großer Teile der Unter- und Mittelschicht, flankiert von Vertretern der handwerklichen Oberschicht. Damit waren nun beide Stellen zielgerichtet mit Vertretern der evangelischen Lehre besetzt, wodurch der Rat ein Zeichen setzen wollte gegenüber den Franziskanern und der Papstkirche. Allerdings lässt sich vermuten, dass sich bereits hier der Rat in zwei Lager gespalten haben muss – das um Dr. Stühler und Müntzer und das gemäßigteren um Mühlpfort und Egran.

In der Katharinenkirche fielen die derben, zuweilen radikalen Predigten Müntzers auf äußerst fruchtbaren Boden. Er war allerdings nicht Auslöser, sondern eher Katalysator des bestehenden Konflik-

Nikolaus Hausmann – der erste evangelische Pfarrer

Nikolaus Hausmann wurde 1479 in Freiberg als Sohn des dortigen Münzmeisters geboren. Seine Familie ermöglichte ihm das Studium der Theologie, das er 1498 in Leipzig begann. Nach dem Examen als Magister und der Priesterweihe in Altenburg fand er 1519 eine feste Anstellung in Schneeberg. Zwei Jahre später ereilte ihn der Ruf als erster evangelischer Pfarrer an die Zwickauer Marienkirche. Obwohl er die Stelle schon im Februar angeboten bekam, konnte er sie erst am 18. Mai 1521 offiziell antreten, nachdem sein Vorgänger ausgeschieden war. Vor allem das Zuraten Luthers hatte Hausmann nach anfänglichem Zögern bewogen, nach Zwickau zu gehen. Der dortige Rat hatte schon im Januar bei Luther nach einem geeigneten Kandidaten gefragt, der einerseits Ruhe in die Kirchengemeinde bringen könne, andererseits aber dem neuen Glauben im Sinne Luthers anhängen solle. Hausmann galt tatsächlich als treuer Gefolgsmann des Reformators und handelte stets in dessen Sinn – gut nachzulesen im Briefwechsel mit Stephan Roth, dem nachmaligen Stadtschreiber.

Als Ende der 1520er Jahre im Streit um die Besetzung der Predigerstellen in Zwickau Streit zwischen der Stadt und dem Reformator ausbrach, blieb Hausmann unerschütterlich auf der Seite des Reformators. Auch dies dürfte ein Grund dafür gewesen sein, dass Hausmann am 1. Februar 1529 zu einem der ersten Superintendenten der evangelischen Kirche Sachsens wurde. Wegen der Streitigkeiten Luthers mit der Stadt Zwickau holte ihn Luther 1531 zu sich nach Wittenberg und betraute ihn anschließend mit der Aufgabe der Evangelisierung in Dessau, wohin Hausmann 1532 als Hofprediger berufen wurde, um den anhaltinischen Fürsten bei der Durchsetzung der Reformation zu helfen. Im Oktober 1538 bestellte ihn die Stadt Freiberg als Pfarrer, doch bei der Antrittspredigt erlitt er einen Schlaganfall. Der zeitlebens unverheiratet gebliebene Hausmann wurde am 4. November 1538 an seiner letzten Wirkungsstätte im Dom beigesetzt. Luther würdigte Hausmann mit den prägnanten Worten: »Quod nos docemus, ille vivit« – »Was wir lehren, lebt uns jener vor«. (Michael Löffler)

---

größte Stütze im städtischen Rat. Seine Gegner, geführt von dem angesehenen Bürger Hermann Mühlpfort, konnten nun die Mehrheit im Rat gewinnen. Aus Sorge um die innere Sicherheit in der Stadt wurde Müntzer im April 1521 aus seinen Diensten entlassen. Seine Gehaltsquittung, die er mit den Worten »Thomas Müntzer – der für die Wahrheit in der Welt kämpft« unterschrieben hatte, ist heute noch im Zwickauer Stadtarchiv erhalten.

In der darauffolgenden Nacht wurden 56 Knappen, die sich zusammengerottet hatten, festgenommen und für eine Nacht und einen Tag in Gewahrsam genommen. Ihnen wurde vorgeworfen, eine böse Meuterei gegen den Rat anzetteln zu wollen, wogegen diese erwiderten, sie wollten nur Müntzer aus der Stadt begleiten. Ungeachtet dessen hielt auch Egran, dessen Name im Zusammenhang mit der Bannandrohungsbulle gegen Luther genannt wurde und der sich daraufhin zusehends von Luther distanzierte, am 21. April 1521 seine Abschiedspredigt und verließ verbittert ebenfalls die Stadt Richtung Joachimsthal. Sein Nachfolger wurde auf Drängen Mühlpforts der zurückhaltende, aber überzeugte Lutheraner Nikolaus Hausmann, wohl auch, um etwas Ruhe in die Stadt zu bringen. Vergebens, denn nach dem Weggang Müntzers blieben die Unruhen bestehen.

Die gemäßigten Kräfte setzen sich durch

Die lutherischen gemäßigten Kräfte stabilisierten sich zunehmend. Politisch geführt wurden sie von Hermann Mühlpfort, seit September 1521 Bürgermeister, und kirchenorganisatorisch vom ersten evangelischen Pfarrer Nikolaus Hausmann. Im Dezember 1521 war die Zeit reif für ein hartes Vorgehen gegen die Wiedertäufer. Der Rat ließ Nikolaus Storch und seine Anhänger vorladen und verhören. In der Folge mussten sie die Stadt verlassen. Nachweisbar sind sie anschließend ausgerechnet in Wittenberg, dem Hort der Reformation.

Im März 1522 eskalierte die Situation in der Stadt erneut. Aufgebrachte Bürger, darunter auch eine Gruppe von Ratsherren, stürmten den Wirtschaftshof des Grünhainer Zisterzienserklosters, um einen dort wegen rückständiger Zinszahlungen gefangen gehaltenen Bauern gewaltsam zu befreien. Obwohl der Wirtschaftshof einer eigenen Rechtsprechung unterlag, sahen die Bürger in der Gefangennahme einen Eingriff in die städtische Gerichtsbarkeit, gegen den sie vorgehen mussten. Dabei zerstörten sie den Hof und vernichteten wertvolle Bücher und Kunstgegenstände. Dieser Gewaltakt stand symbolisch für den tätli-

ARNO KAPHAHN

ZWICKAU.

Postkarte Altes
Cantorat, um 1876

chen Kampf gegen die Klöster. Durch die zunehmende Radikalisierung musste jedoch befürchtet
werden, das eigentliche Ziel, eine gewaltfreie
Reform der bestehenden Verhältnisse herbeizuführen, aus den Augen zu verlieren. Diese Sorge
teilten im Besonderen Hermann Mühlpfort und
Nikolaus Hausmann. Mühlpfort erwies sich in den
Wirren der Reformation als ein kluger Stratege
und Diplomat, der auf die Macht des Wortes setzte.
Für ihn gingen physische Gewalt und Glaube nicht
zusammen, sondern begünstigten eher gegenre-
formatorische Entwicklungen. Dabei setzte er auf
die Unterstützung Luthers, der unermüdlich die
Losung »Verbo solo« – »Am Anfang steht das Wort«
zelebrierte. So ist die relativ gewaltfreie Einführung der Reformation in Zwickau maßgeblich auf
das besonnene politische Handeln Hermann Mühlpforts zurückzuführen.

Um einer Eskalation der Lage entgegenzuwirken, beschloss der Rat unter Bürgermeister Mühlpfort am 28. April 1522, Luther, der sich zu dieser
Zeit in Altenburg aufhielt, durch einen Ratsherren
nach Zwickau zu bitten. Luther predigte am
30. April zweimal in der Klosterkirche der Franzis-

kanermönche (Predigt von Glaube und guten Werken sowie von Glauben, Liebe und guten Werken).
Seine dritte Predigt (Vom falschen und wahren
Weg zu Gott) am 1. Mai hielt er aus einem Rathausfenster heraus vor einer aus der Umgebung zusam-
mengeströmten Menschenmenge. Chronisten geben
die Zahl der Zuhörer zwischen 14.000 und 25.000 an.
Seine vierte und letzte Predigt (Von verschiedenen
Materien) hielt er am 2. Mai auf dem Schloss. Seine
Predigten wurden von seinem Freund Stefan Roth
aufgeschrieben und sind heute in der Gesamtaus-
gabe von Luthers Werken enthalten. Dass er nicht
in der Marienkirche predigte, hing vermutlich mit
den dort gerade durchgeführten umfangreichen
Baumaßnahmen zusammen.

Am Abend des 2. Mai gab der Rat ihm zu Ehren
ein Essen im Rathaus und zahlte ihm für sein Kommen zehn Annaberger Gulden, woraufhin Luther
noch in der Nacht unter Geleit nach Borna und dann
weiter nach Wittenberg aufbrach. Ob es ihm gelang,
mit seinen vier gewaltigen Predigten die erregten
Gemüter in Zwickau zu besänftigen, sei dahin-
gestellt. Primär stärkte er dem gemäßigten Lager
um Hermann Mühlpfort den Rücken.

Bürgermeister Hermann Mühlpfort und Luthers Streitschrift »Von der Freiheit eines Christenmenschen«

Die Reformation hat in Zwickau bereits recht früh ihre ersten Spuren hinterlassen. Männer wie Friedrich Myconius, Johann Wildenauer (genannt Egranus) und Georgius Agricola bereiteten den Ideen Luthers den Weg. Einen weiteren Aufschwung erfuhr die reformatorische Lehre durch den Prediger Thomas Müntzer, der auf Empfehlung Luthers 1520/21 nach Zwickau kam.

All dies hat Luther nicht nur dazu veranlasst, Zwickau als gute Basis für die Durchsetzung seiner Kirchenlehre anzusehen, sondern speziell in der Person des Stadtvogtes und spä-

teren Bürgermeisters Hermann Mühlpfort (1486–1534) auch einen ehrlichen und verlässlichen Partner zu erkennen. Luther nahm dies zum Anlass, eine seiner drei großen Streitschriften jenem Zwickauer zu widmen. Seit 1519 standen beide in Briefkontakt, hatten sich aber noch nie zu Gesicht bekommen. Doch waren es gerade diese schriftlichen Ansichten, die Luther veranlassten, im November 1520 seine 30 Thesen »Von der Freiheit eines Christenmenschen« seinem Zwickauer Brieffreund gewissermaßen als geistigem Mitstreiter darzubieten.

Die am häufigsten zitierte These der Schrift, »Ein Christenmensch ist ein freier Herr über alle Dinge und niemand untertan. Ein Christenmensch ist ein dienstbarer Knecht aller Dinge und jedermann untertan«, kann als geisteswissenschaftlicher Schritt vom Mittelalter in die Neuzeit verstanden werden. Die Anhänger der folgenden Bauernkriegsaufstände interpretierten Luther allerdings falsch, denn seine Auslassungen bezogen sich nur auf die christliche Freiheit des evangelischen Glaubens. (Michael Löffler)

Die neue Kirche nimmt Gestalt an

Pfarrer Nikolaus Hausmann begann bereits 1523 damit, erste katholische Zeremonien abzuschaffen. Dabei wollte er nicht alles »Schöne« und »ästhetisch Reizvolle« aus den Gottesdiensten verbannen, vielmehr legte er hohen Wert auf die sorgfältige Ausgestaltung der Liturgie. Sie sollte allübergreifend wirken, was wiederum den Widerstand der Mönche herausforderte, da sie sich die Form des Gottesdienstes nicht vorschreiben lassen wollten.

Eine besondere Rolle nahm für Hausmann eine gute Ausbildung der Prediger ein. Er empfahl die Anstellung eines Scholasticus für die wissenschaftliche und eines Cantors für die musikalische Ausbildung der Geistlichkeit. Hausmann selbst war eher von blasser Erscheinung. Bei all seinen Handlungen tat er nichts, ohne sich zuvor die Rückversicherung bei Luther, dessen treuer Anhänger er war, geholt zu haben. Wenn er allerdings von der Wahrheit einer Sache überzeugt war, widmete er sich ihr mit voller Leidenschaft. Dabei soll sein Leben von unbegrenzter Güte und Milde bestimmt gewesen sein. Sein großes humanitäres Engagement stand oftmals im krassen Widerspruch zu seinem eher kärglichen Pfarrergehalt.

So sind auch seine Bemühungen zu verstehen, die Mönche zur Annahme der lutherischen Lehre zu bewegen. Bereits 1521 hatte der Rat den Mönchen das Terminieren verboten und das Almosensammeln nur noch auf den Kirchhöfen erlaubt. Zudem

ließ er ein Inventar der Wertgegenstände des Klosters anfertigen. Auch wurde seitens des Rates Michael Sangner als Klostervorsteher eingesetzt und damit den Mönchen die Wahl eines solchen genommen. Da die Mönche die Herausgabe der Klosterschlüssel verweigerten, wurden ihnen die Türen versperrt. Nur durch das Eingreifen Luthers und Herzog Johanns konnte ein Kompromiss erzielt werden. Auch Hausmann versuchte zu vermitteln. Dazu setzte er gemeinsam mit den Predigern Lindemann und Zeuner 26 Artikel auf, schickte sie ins Kloster und versuchte mit den Mönchen darüber zu verhandeln. So sollte u. a. die von ihm erarbeitete neue Kirchenordnung auch von den Mönchen anerkannt werden.

Seine Bemühungen waren von wenig Erfolg gekrönt. Deshalb übergab er die Angelegenheit dem Rat. Am 8. Dezember 1523 kam es im Rathaus zwischen Hausmann und den Franziskanern zu heftigen Auseinandersetzungen. Den Franziskanern wurde daraufhin das Predigen ohne vorheriges Wissen des Rates oder des Stadtpfarrers untersagt und ihre Anzahl auf 20 beschränkt. Der Widerstand der Bürgerschaft und der Geistlichkeit wuchs beträchtlich an. Dennoch zögerte Hausmann lange, seine Reformbestrebungen in die Tat umzusetzen. Sicher spielte dabei eine Rolle, dass sich die Bevölkerung, eingeschüchtert durch die abweisende Haltung des Naumburger Bischofs gegenüber den Neuerungen, recht zurückhaltend verhielt. Deshalb verfasste Hausmann sein erstes Reformationsgut-

CHRISTO · SACRVM ·
ILLe Dei VERBO MAGNA PiETATE · FAVEBAT ·
· PERPETVA · DiGNVS · POSTERiTATE · COLi ·

· D · FRiDR · DVCi · SAXON · S · R · IMP ·
· ARCHiM · ELECTORi ·
· ALBERTVS · DVRER · NVR · FACiEBAT ·
· B · M · F · V · V ·
· M · D · XXIIII ·

Kurfürst Friedrich der Weise von Sachsen

einer Papiermühle in Zwickau. Nachdem die Situation mit den Mönchen zu eskalieren drohte, schloss der Rat am 11. Februar 1525 das Kloster. Nach längeren Verhandlungen und trotz Beschwerden beim Kurfürsten mussten die Franziskaner im April das Kloster räumen, vorausgesetzt, sie schlössen sich nicht der reformatorischen Bewegung an. Nur einige Mönche konvertierten zum Luthertum. Die übrigen Mönche verließen unter Protest am 2. Mai die Stadt Richtung Glauchau. Der Guardian (Klostervorsteher) erhielt 40 Taler, die übrigen Mönche 20 Taler Entschädigung. Der Rat ließ daraufhin Inventar und Lebensmittel aus dem Kloster unter den Bedürftigen verteilen bzw. versteigern. In der Folge wurden auch all die anderen klösterlichen Niederlassungen anderer Orden in der Stadt geschlossen.

Die Reformation setzt sich dauerhaft durch

Vom 2. Sonntag nach Ostern (30. April) 1525 an fanden in beiden Kirchen nur noch Gottesdienste in deutscher Sprache statt, denn das war die Sprache, die das gemeine Volk verstand. Erstmals wurde dabei aus dem neu erschienenen evangelischen Gesangbuch gesungen. Damit war ein gewisser Abschluss der Reformation in Zwickau erreicht und die Stadt die zweite nach Wittenberg, in der sich die Reformation durchsetzen konnte. Es galt nun, sie in der Folge zu festigen und gegenreformatorischen Bestrebungen entgegenzuwirken. Im Januar 1529 fand im Auftrag von Kurfürst Johann die erste Kirchenvisitation statt, was einer Bestandsaufnahme der Reformation gleichkam. Einen Anstoß dazu gab Nikolaus Hausmann. Die vier Gesandten konfirmierten dabei die evangelischen Geistlichen und Schullehrer, entfernten katholische Geistliche, regulierten die Einkünfte der Geistlichen, Schulen und Hospitäler, erfassten das Kircheninventar und führten eine gottesdienstliche Verfassung ein.

Ein wesentlicher Impuls für die reformatorischen Veränderungen waren die Herrschaftsansprüche einer Gruppe reicher Ratsherren, die die Stadtgemeinde unter ihre Kontrolle bringen wollten und denen dabei das Franziskanerkloster im Weg stand. Ihren Einfluss auf die Kirchenpolitik als eine der Schlüsselpositionen konnten sie durch die Ausübung des Patronatsrechts geltend machen, welches der Rat seit 1505 innehatte. Durch eigenmächtiges Anstellen und Entlassen von Predigern trafen sie lokale kirchenpolitische Entscheidungen, die bei

achten, in dem er die Missstände im kirchlichen Leben zusammentrug, um es im Februar 1524 in Weimar Herzog Johann zu überreichen und um dessen Unterstützung zu ersuchen.

Am Palmsonntag (20. März) 1524 las Hausmann dann erstmals eine Messe auf Deutsch, ab Weihnachten wurden die Evangelien und Episteln nur noch in deutscher Sprache verlesen. Zudem lagen nach Auffassung Hausmanns die Wurzeln des Übels in der Auslegung des Heiligen Abendmahls. Deshalb führte er ab 1524 die reformatorische Abendmahlsausteilung in beiderlei Gestalt ein.

Eine wichtige Rolle spielte bei der Verbreitung des christlichen Wortes der Buchdruck. Schon 1523 kam es zwischen dem Rat und dem Augsburger Johann Schönsperger zu einem Vertragsabschluss über die Einrichtung einer ersten Druckerei und

Erfolg eine Schwächung der landesfürstlichen Macht hätten bedeuten können. Dies sollte besonders in den Jahren zwischen 1527 und 1531 zum Tragen kommen, als der Rat unter Hermann Mühlpfort vakant gewordene Predigerstellen eigenmächtig, und ohne vorher Hausmann zu konsultieren, besetzte. Hausmann, seit 1529 erster evangelischer Superintendent, beschwerte sich daraufhin mehrfach und rief schließlich Martin Luther zur Hilfe. Luther war über die Unverfrorenheit des Zwickauer Rates derart erbost, dass er Hausmann und den Prediger Cordatus nach Wittenberg bestellte und beiden riet, das »Babylon« zu verlassen. In mehrfachen Schreiben an seinen Freund Stefan Roth, mittlerweile Stadtschreiber in Zwickau, äußerte er auf sehr drastische Art seinen Unmut.

Der Streit eskalierte so weit, dass sich 1531 der Kurfürst einschaltete. Die kurfürstlichen Räte entschieden, dass künftig kein städtischer Rat mehr ohne kurfürstliche Bestätigung Prediger anstellen und entlassen dürfe. Das landesherrliche Kirchenregiment hatte sich durchgesetzt. Nikolaus Hausmann verließ daraufhin 1531 Zwickau, sein Abschiedsschreiben ist noch heute erhalten. Zudem war der Bruch zwischen Luther und Mühlpfort, der sich bereits 1525 in beider Haltung zum Bauernkrieg anbahnte, endgültig vollzogen. Der einzige Reformator, der in den Folgejahren noch Kontakt zu Zwickau hielt, war Philipp Melanchthon. Er bemühte sich besonders um Fragen des städtischen Schulwesens.

Der 1555 proklamierte Augsburger Religionsfrieden sanktionierte die Ergebnisse der Reformation, indem er die Konfessionen gleichberechtigt nebeneinanderstellte und den Landesfürsten das Recht erteilte, die Konfession für ihr Land frei zu wählen. Obwohl es in der deutschen Geschichte immer wieder Versuche gab, die Beschlüsse des Augsburger Religionsfriedens und damit die Spaltung der Kirche rückgängig zu machen und die alten Verhältnisse wieder einzuführen, blieb Sachsen bis heute evangelisch. So ist auch in Zwickau die evangelisch-lutherische Kirche die bestimmende Kirche. Anders als im 16. Jahrhundert stehen aber heute die Kirchen aller Konfessionen friedlich nebeneinander – ein Ergebnis der ökumenischen Bewegung des 20. Jahrhunderts. •

▶ SILVA TEICHERT
ist Leiterin des Stadtarchivs Zwickau.

Alltag der Reformationszeit

Die Lebensumstände einer differenzierten Gesellschaft lassen sich im Museum Priesterhäuser Zwickau lebendig nachvollziehen

—

VON ALEXANDRA HORTENBACH

Am Ende des 15. und zu Beginn des 16. Jahrhunderts war Zwickau eine der bevölkerungsreichsten Städte Sachsens. So geht man beispielsweise für das Jahr 1531 von ca. 7.500 Einwohnern in Zwickau aus. Sie lebten in einer Zeit, die von Veränderungen auf religiöser, politischer und weltanschaulicher Ebene geprägt war. Kolumbus entdeckte Amerika, Kopernikus entwickelte das heliozentrische Weltbild, Martin Luther verbreitete die Ideen der Reformation. Aber schaut man in das Zwickau der Reformationszeit zurück, zeigt sich, dass auch die allgemeinen Lebensumstände der Menschen spannende Geschichte und Geschichten bieten. Darin haben Drachen und Hexen ebenso ihren Platz wie Arbeit, Familienleben, Krankheit und Tod.

Glauben und Aberglauben

Trotz des reformatorischen Gedankengutes bestimmten am Übergang vom Mittelalter zur Neuzeit noch immer Aberglauben das Leben der Menschen – und die Kirche wusste sich dies zu Nutze zu machen. Die Überzeugung, dass es nicht nur Heilige, sondern auch Teufel, Dämonen, Magie und übersinnliche Kräfte gab, führte dazu, dass die Hexenjagd auch im 16. Jahrhundert fortgesetzt wurde und immer weitere Kreise zog. Hexen waren, so dachte man, mit dem Teufel im Bunde und konnten mit allerlei Zaubersprüchen ihren Nachbarn Schaden verschiedenster Art zufügen, zum Beispiel Kinder oder Tiere krank machen.

Der Hexerei verdächtigt werden konnten Männer wie Frauen, egal, ob alt oder jung, hübsch oder hässlich, reich oder arm. Bei den durch Folter erzwungenen Geständnissen drohte der Tod auf dem Scheiterhaufen oder durch Ertränken.

Im Amt Zwickau wurde 1536 eine Bauersfrau wegen »Halten eines Drachen« verhört. Prozessverlauf und -ausgang sind hier unbekannt, aber Prozesse wegen Zauberei wurden in Amt und Stadt Zwickau mehrfach geführt. So wurde »Die Malerin, ein alt betagt Weib aus Zwickau« 1510 nach Folter und erfolgtem Geständnis gehängt und verbrannt. Ihr wurde u. a. vorgeworfen, sie habe mit Hexenkünsten Gesunde blind und lahm gemacht. Verantwortlich für den Vollzug der Strafen war der Henker. Er erhielt in Zwickau 1525 einen Wochenlohn von acht Groschen – ein gut bezahlter, aber gleichzeitig sehr verhasster Beruf. Allein den Henker zu berühren, sollte bereits Unglück bringen.

Aberglaube bestimmte auch einen nicht unwesentlichen Teil der damaligen Medizin. Sie war zur Reformationszeit immer noch mittelalterlich geprägt. Aderlass galt als probates Mittel gegen vielerlei Krankheiten. Neben Ärzten, Chirurgen und Wundärzten gab es auch viele Quacksalber, bei denen aus heutiger Sicht oft höchst fragwürdige Mittel zum Einsatz kamen. So empfahl man gegen Zahnschmerzen den Verzehr einer zerstampften Maus. Daneben existierte ein breites Wissen über bewährte Hausmittel und Heilkräuter. Zum Beispiel verabreichte man zur Anregung der Herztätigkeit Bestandteile des Fingerhuts (Digitalis), der auch heute noch für Herzmedikamente genutzt wird.

Alltag einer differenzierten Gesellschaft

Die durchschnittliche Lebenserwartung lag bei etwa 30 Jahren, ein Wert, der vor allem durch die hohe Kindersterblichkeit beeinflusst wurde. Im Europa des 16. Jahrhunderts starb ein Viertel aller Kinder bereits im ersten Lebensjahr. Doch auch danach bestand weiter eine hohe Sterblichkeit. Nur ein Drittel der Kinder in Städten erlebte den zehnten Geburtstag. Dabei bildete Zwickau keine Ausnahme. Eine Hauptursache für die hohe Kindersterblichkeit war, dass man den Zusammenhang zwischen Sauberkeit und Gesundheit nicht kannte. Verunreinigtes Trinkwasser rief schwere Erkrankungen hervor

◄
Älteste deutsche Gebrauchsspielkarte, um 1475, Neudruck von 1927, Spielkartenfabrik AG Altenburg

Schnitzfigur, Heiliger
Georg, um 1500,
Lindenholz mit
farbiger Fassung

und Krankheitserreger aller Art fanden durch die schlechten hygienischen Verhältnisse einen guten Nährboden:

Mehrere Menschen schliefen in einem Bett auf stroh- oder laubgefüllten Matratzen. Ansteckende Krankheiten wie Pocken oder Fleckfieber, aber auch Ungeziefer wie Flöhe oder Kopfläuse übertrugen sich so innerhalb kürzester Zeit. Lungenkrankheiten setzten im Winter besonders den Menschen in den Armenvierteln zu, die in feuchten, schwer beheizbaren Häusern wohnten. Im Sommer starben viele an der Cholera, da sich die Bakterien im Trinkwasser ausbreiteten. Auch die Pest brach oft im Sommer aus und kehrte im 16. Jahrhundert in Abständen immer wieder. Dass die Flöhe, die von infizierten Ratten auf den Menschen übersprangen, Ursache für die Beulenpest waren und die Lungenpest durch Tröpfcheninfektion von Mensch zu Mensch übertragen wurde, wusste man damals noch nicht. Mit Reisenden und Händlern wurde die tödliche Krankheit immer weiter verbreitet. Es dauerte nur zwei bis fünf Tage von der Ansteckung bis zum Ausbruch der Seuche. Die Erkrankung verlief äußerst schmerzhaft und führte schon nach wenigen Tagen zum Tod. Mittel zur Heilung des »Schwarzen Todes« kannte man nicht, aber man versuchte, die Kranken zu isolieren:

So kam es im Jahr 1521 wegen der steigenden Anzahl der Pestkranken zur Einrichtung eines zweiten Pesthauses in Zwickau, das man wegen der Initiative des Stadtrats dafür in dieser Zeit »des Rats Siechhäußle« nannte. Zusätzlich richteten einige große Handwerkerinnungen für ihre Mitglieder eigene Pesthäuser ein. Dies geschah schon 1516/17 durch die Tuchmacher, 1522 durch die Bäcker und 1536 durch die Schmiede. In den Pesthäusern wurden die Kranken mit Nahrung und Arzneien versorgt.

Die Innungen bzw. Zünfte spielten ohnehin eine große Rolle in der Stadt. Die Tuchmacher waren zur Reformationszeit die Zwickauer Zunft mit den meisten Mitgliedern. Großer Reichtum kam durch die Tuchmacherei nach Zwickau, denn das »rote Tuch« wurde wegen seiner hervorragenden Qualität hoch geschätzt und dementsprechend teuer bezahlt. Zahlungsmittel waren Gulden (= 21 Groschen), Gro-

schen (= 12 Pfennige), Pfennige (= 2 Heller) und Heller. Der Kassenbestand der Tuchmacher lag im Jahr 1533 bei der enormen Summe von rund 11.000 Gulden. Sie entsprach in etwa den Einnahmen, welche die Stadt Zwickau im ganzen Jahr erzielte.

Wie in jeder Stadt gab es auch in Zwickau nicht nur Reichtum, sondern auch Armut. Gesellschaftliche Probleme hatten sich durch einen Bevölkerungsanstieg im 15. Jahrhundert ergeben. Zu viele Menschen waren vom Land in die Städte gezogen, was zu Armut und Hungersnöten führte. Nur eine Minderheit genoss zur Reformationszeit Wohlstand. Dazu zählten in Zwickau Männer wie der Bürgermeister Hermann Mühlpfort oder der Stadtschreiber und Ratsherr Stephan Roth.

Auf den Tafeln dieser Wohlhabenden gab es Fleisch, Süßspeisen und vieles mehr. Getrunken wurde in Zwickau vor allem Bier. Mit den Fingern zu essen, galt als bäuerlich, und zumindest bei den Vornehmen wurde der Tisch nun mit einem Trinkgefäß für jeden, einem Messer und einem Löffel gedeckt. Die als »Teufelszeug« verschriene Gabel begann sich nur langsam bei Tisch durchzusetzen, denn ihre zwei oder drei Zinken erinnerten die Menschen an die Hörner oder den Dreizack des Teufels – ein Zeichen dafür, wie der Aberglaube nahezu alle Lebensbereiche bestimmte.

Die Ernährung der Armen bestand zu etwa 80 Prozent aus Getreideprodukten. Für sie ging es im wahrsten Wortsinn um »das tägliche Brot«. Sie ernährten sich vorwiegend von dunklem Roggenbrot und Brei, der aus Getreidekörnern zubereitet wurde. So war die Kost karg, einseitig und vitaminarm. Missernten hatten verheerende Folgen. Im Durchschnitt erntete man nur das Fünffache der ausgesäten Körner. Heute ist es etwa das Dreißigfache. Es musste darum ein Fünftel der Ernte als Saatgut für das folgende Jahr zurückbehalten werden. Bei schlechten Ernten durch einen zu trockenen oder zu nassen Sommer verzehrten die Menschen notgedrungen auch das Saatgut. Dass das Jahr 1529 diesbezüglich kein gutes für die Zwickauer war, lässt sich bei folgenden Worten aus der Stadtchronik erahnen: »Im Februar blühten die Veilchen, während in der Mitte April heftige Kälte mit großem Schnee einfiel, worauf wieder ein nasser Sommer folgte. (...) Großes Unglück richtete am 12. August in Folge dreitägigen ununterbrochenen Regens eine Muldenüberschwemmung an. Sie zerstörte alle Brücken, Stege und Wehre der Stadt und Umgegend.« Dennoch litten die Bewohner der

Städte weniger unter Hungersnöten als die Landbevölkerung, denn in den Städten konnten Vorratslager angelegt werden, weil sie den Getreidemarkt beherrschten. In Zwickau gab es zwei große Kornhäuser, die 1480/81 errichtet worden waren. Eines davon existiert bis heute.

Ob arm oder reich, die Rollen innerhalb der Familie waren in den Augen der meisten Zeitgenossen klar verteilt: Die Frau kümmerte sich um Haushalt und Kinder, der Mann bestimmte in allen anderen Lebensbereichen. Frauen spielten in der Männergesellschaft des 16. Jahrhunderts lediglich eine untergeordnete Rolle. Die Kinder der Armen erhielten meist keine Schulbildung. Stattdessen setzte man sie schon früh als Arbeitskräfte ein. Für die Kinder der Begüterten gab es häufig Hauslehrer. Doch zumindest in den Städten erhielten Jungen aus verschiedenen Bevölkerungsschichten eine Grundbildung. Die ersten Hinweise auf eine Schule in Zwickau stammen bereits aus dem 13. Jahrhundert (▶ S. 50).

Auch für die Menschen im Zwickau der Reformationszeit bestand das Leben nicht nur aus Entbehrung und Pflicht: Wie zu allen Zeiten liebten sie es, Feste zu feiern. Anlass dafür gaben zum Beispiel kirchliche Feiertage. Außerdem wurden freudige Ereignisse wie Geburten oder Hochzeiten gefeiert. Zum geselligen Beisammensein gehörten dann nicht nur Speis und Trank, Musik und Tanz, sondern auch Spiele. Kegeln, Würfeln und Kartenspiele waren dabei besonders beliebt.

Mehr erfahren in den Priesterhäusern Zwickau

Einen spannenden und vielschichtigen Einblick in die Lebensumstände und Wohnkultur vergangener Jahrhunderte bieten die historischen »Priesterhäuser« am Domhof in Zwickau, die seit 2003 Teil des gleichnamigen Museums für Stadt- und Kulturgeschichte sind. Bei den 1264 bis 1466 entstandenen Priesterhäusern handelt es sich um das älteste noch in großer Originalität erhaltene Wohnhausensemble Deutschlands. Dort können Museumsbesucher beispielsweise in der »Ratsherrenstube« auf originalgetreuen Renaissance-Stühlen Platz nehmen und einem Hörspiel mit Reformationsthema lauschen. Auch von der Kleidung jener Zeit erhält man in diesem Raum durch authentisch bekleidete, lebensgroße Puppen einen Eindruck; hier der reiche Ratsherr mit pelzbesetztem Samtmantel und perlenbesticktem Barett auf dem Kopf, dort der einfache Handwerker mit schmuckloser, wenig wärmender Kleidung. Der Geschichte der Reformation in Zwickau ist ein eigener Ausstellungsbereich gewidmet. Besucher können die Priesterhäuser ganz individuell oder im Rahmen einer Führung kennen lernen. Für Kinder und Schulklassen bestehen spezielle Angebote. •

▶ **ALEXANDRA HORTENBACH**
ist Leiterin der Priesterhäuser Zwickau.

Die sogenannte Ratsherrenstube in den Priesterhäusern Zwickau, Museum für Stadt- und Kulturgeschichte

Die »Zwickauer Schleifmühle«

In der Schulgeschichte des 16. Jahrhunderts spielt Zwickau eine wichtige Rolle, dessen Lateinschule Luther als »edles Kleinod« pries

VON LUTZ MAHNKE

Die Geschichte der Zwickauer Schulen reicht bis ins späte 13. Jahrhundert zurück. Die erste nachweisbare Schule Sachsens ist die 1205 in Meißen erwähnte »schola interiores« (innere Schule) des Augustiner-Chorherrenstifts. Weitere Gründungen sind in Leipzig, Bautzen, Wurzen, Geringswalde und Zwickau nachweisbar. Die einzigen städtischen Schulen waren allerdings die in Leipzig und Zwickau. Urkundlich nachweisbar wird die Zwickauer Schule im Jahre 1291. Das Kirchenpatronat stand seit 1212 dem Benediktiner-Nonnenkloster zu, das 1219 von Zwickau nach Eisenberg verlegt wurde. Der Naumburger Bischof Bruno von Langenbogen bestätigte am 2. November 1291 für das Eisenberger Kloster die Stiftung der Frühmesse am heiligen Kreuzaltar der Marienkirche. Als letzter Zeuge dieser Pergamenturkunde unterschrieb »Heinricus, rector scholae«. Die äußere oder Trivialschule wurde auf dem Marienkirchhof eingerichtet. Es durften alle Kinder der Stadt am Unterricht teilnehmen, die die Erlaubnis des Bischofs erhielten. Die inneren Schulen hatten keinen Einfluss auf die Laien- oder Volksbildung, während die äußeren Schulen meist als Pfarrschulen sich besonders um diesen Bereich bemühten.

Den eindeutigen Nachweis liefert eine Urkunde von 1330. Der Naumburger Bischof Heinrich I. von Grünberg bestätigte darin dem Eisenberger Kloster nicht nur die Kollatur der Pfarrstellen, sondern auch das Schulpatronat. Der Zwickauer Chronist Emil Herzog erwähnt und veröffentlicht in seiner Geschichte des Zwickauer Gymnasiums 1869 sowie in seiner Zwickauer Stadtchronik (1839/45) auch eine Eisenberger Klosterurkunde vom 17. März 1372, die eine Seelengerätstiftung für den Maria-Magdalena-Altar der Katharinenkirche zu Zwickau betrifft. Darin befindet sich u. a. die Bestimmung, dass neben den Geistlichen auch der Zwickauer »rector scholarium« bei dem Seelengerät fungieren soll. Eine Seel-

gerätstiftung ist eine Gottesdienststiftung, die dazu dient, zum Todestag des Stifters eine Heilige Messe abzuhalten. Für den Unterricht dürften die seit 1231 in Zwickau ansässigen Franziskaner verantwortlich gewesen sein. Das Schulgebäude ist wie ein Großteil der Stadt dem großen Brand 1387 zum Opfer gefallen. Ob danach eine neue Schule errichtet wurde oder ob man in Privaträume auswich, ist nicht bekannt. Eine besondere Stadtschule dürfte zu Beginn des 15. Jahrhunderts errichtet worden sein. Großen Einfluss auf deren Gründung hatte der erste Dekan der 1409 neu gegründeten Universität Leipzig, Vincenz Gruner, ein gebürtiger Zwickauer. Die besondere Verantwortung des Rates für die Schule zeigt die im Stadtbuch erhaltene handschriftliche Ordnung der Stadtschule, die neben der Dresdener wohl die älteste sächsische Schulordnung ist. Sie wird zwischen 1415 und 1420 in Kraft getreten sein. Mit dem Regierungsantritt Friedrichs II. im Jahre 1428 setzte sich die Patrimonialgerichtsbarkeit durch. Das bedeutet, dass der Kurfürst den Städten die »niedere Gerichtsbarkeit« und somit auch das Schulpatronat übertrug. Damit konnte der Rat auch Schulmeister einsetzen. Dies ist für Zwickau ab 1430 mit Baccalaureus Caspar Schilbach aus Zwickau als »Rector scholae« nachweisbar. Seither wurden die Stellen der Stadtschule stets vom Rat berufen und bezahlt. 1479 stiftete der Bürger und wohl reichste Mann Sachsens, Martin Römer, ein neues Schulgebäude. Um 1490 sollen fast 900 Schüler die Schule besucht haben.

In diesem Zusammenhang ist auch die Schulbibliothek zu sehen. Valentin Strödel (Rektor: 1476–1490) bemühte sich besonders um die Erweiterung der Lehrinhalte und erwarb neue Literatur. Er verstand die Schule als Vorbereitungsanstalt für ein Universitätsstudium. Ein genaues Gründungsdatum der Bibliothek ist nicht bekannt, aber es ist nachweisbar, dass ein Professor Bernhard Schauenpfennig aus Eger am 17. Februar 1498 der Bibliothek des Gymasiums eine Inkunabel schenkte und dieses im Buchdeckel vermerkte. Ein zweiter Hinweis vom Ende des 15. Jahrhunderts ist ein ähnlicher Eintrag in einem Buch durch den Zwickauer Konrektor Gregorius Steinmetz. Er ist zwar nicht datiert, da Steinmetz aber um 1500 starb, muss das Buch vorher übergeben worden sein.

Die Lateinschule im 16. Jahrhundert

Am Neujahrstag 1542 schreibt Martin Luther an den sächsischen Kurfürsten Johann Friedrich aus Wittenberg: »Denn War ists, das die zwo knaben Schulen, Zwickaw vnd Torgaw, fur andern zwey treffliche, kostliche vnd Edle kleinoter (= Kleinode) sind ... das da viel knaben daselbst wol gezogen, Vnd sie landen vnd leuten nutzliche vnd trosstliche personen zeugen. ... Vnd mir seer hertzlich gefallen hat, das die zu Zwickaw von sich selbs solcher sachen sich so ernstlich vnd dapfferlich annehmen vnd treiben, Da sonst ynn andern stedten vnd oberkeiten solche Lüntrosse (Nichtsnutze, d. V.) vnd schlungel oder Gottlose geitzhelse regirn, die wol so viel weltlicher Andacht haben, das sie wolten, Christus mit kirchen vnd Schulen weren, da der Leuiathan regirt.«

Die Zwickauer Lateinschule wird von Luther also als treffliches, köstliches und edles Kleinod bezeichnet. Wenn man bedenkt, dass der Wittenberger Reformator eigentlich mit den Zwickauern wegen der Besetzung von Pfarrstellen in Fehde lag, ist das umso beachtlicher. Für die Geschichte der Zwickauer Bildungseinrichtung im Reformationszeitalter sind besonders vier Rektoren von entscheidender Bedeutung: Stephan Roth, Georgius Agricola, Leonhard Natter und Petrus Plateanus.

Stephan Roth wurde 1492 als Sohn eines Schuhmachers in Zwickau geboren. Ob er die heimatliche Lateinschule besucht hat, ist nicht eindeutig nachzuweisen. Fest steht hingegen, dass er gemeinsam mit Georgius Agricola und seinem Bruder Laurentius Roth Schüler in Glauchau und Chemnitz war. Außerdem besuchte er die Lateinschulen in Halle und wahrscheinlich Annaberg. 1512 ließ sich Roth, mit einem Stipendium seiner Heimatstadt von 100 Gulden versehen, an der Leipziger Universität immatrikulieren und legte 1516 die Magisterprüfung ab.

Die humanistischen Kenntnisse und Einsichten setzte Roth beispielhaft an der Zwickauer Lateinschule um, zu deren Rektor er 1517 für drei Jahre berufen wurde. Einer alten Tradition folgend, wurde das Amt des »Schulmeisters« einem Kind der Stadt übertragen. Der erst 25-jährige Magister war der

Alte Lateinschule

jüngste Leiter der Bildungseinrichtung. Gemeinsam mit seinem Onkel, dem Pfarrer an der St. Margarethenkirche und Schulinspektor M. Petrus Drechsel, gründete Stephan Roth 1518 die Zwickauer Schulbruderschaft. Die noch in der Ratsschulbibliothek vorhandenen Statuten dieser »fraternitas scholarium« zeigen deutlich deren Zweck. Geistliche und andere angesehene Bürger verpflichteten sich, zum Unterhalt der Schule regelmäßig Beiträge zu zahlen. Sie dienten der besseren Ausstattung der Schule und der Unterstützung armer Schüler. Die Schulbruderschaft löste sich 1523 nach Einführung der Reformation und Gründung des »Gemeinen Kastens« wieder auf. Roth sorgte aber auch für die innere Erneuerung. Entsprechend seiner Ausbildung versuchte er besonders der griechischen Sprache mehr Bedeutung zu schenken. Sein Hauptlehrer und Mitstreiter bei dieser Aufgabe war seit 1518 Georgius Agricola aus Glauchau. Aber Roth ging noch einen Schritt weiter. Er beantragte eine eigene griechische Schule für die Muldestadt, die auch 1519 eingeweiht wurde. Doch bereits 1520 wurden beide Schulen wieder vereint.

Von 1521–1523 war Stephan Roth Rektor der Lateinschule im böhmischen Joachimsthal. Bereits im Wintersemester 1523 ließ er sich an der Wittenberger Universität unter dem Rektorat Philipp Melanchthons immatrikulieren. Er besuchte die Vorlesungen Luthers, Johannes Bugenhagens, Nikolaus von Amsdorfs und Johannes Agricolas.

Schon 1526 verhandelte Roth mit der Stadt Zwickau um eine Anstellung, aber erst 1528 sind Roths Bemühungen erfolgreich. Er wird zum Stadt- bzw. Ratsschreiber gewählt. Die Verdienste Roths für seine Vaterstadt können nur kurz angesprochen werden. Auf seine Veranlassung ließ die Stadt alle wichtigen Urkunden abschreiben und legte somit den Grundstein für das Ratsarchiv. Die Ratsschulbibliothek erhielt nach seinem Tod einen großen Bücherzuwachs von 6.000 Drucken und Hand-

Schulunterricht
im frühen
16. Jahrhundert

schriften. Stephan Roth starb am 8. Juli 1546 in seiner Heimatstadt Zwickau. Sein Porträt, das 1603 der Bibliothek geschenkt wurde, befindet sich heute im Lesesaal der Ratsschulbibliothek. Eine Sandsteinfigur an der Marienkirche zeigt Stephan Roth in Amtstracht und mit einem Buch in der Hand.

Der Nachfolger Georgius Agricolas wurde 1522–1529 der aus Lauingen in Bayern stammende M. Leonhard Natter. Schon in seinem ersten Amtsjahr als Rektor der Lateinschule erhielt er den Auftrag, eine neue Schulordnung aufzustellen. Sie wurde 1523 in der gerade gegründeten Buchdruckerei von Hans Schönsperger gedruckt und ist damit die älteste gedruckte selbständige Schulordnung Sachsens. Otto Clemen geht sogar so weit, sie als die »älteste gedruckte deutsche Gelehrtenschulordnung« zu bezeichnen. Sie trägt den Titel: »Ordnung des Nawen studij vnd yetzt auffgerichten Collegij yn Fürstlicher Stadt Zwickaw«. Natter äußert sich zur Qualifikation des Lehrers, wie lange ein Lehrer angestellt werden solle (mindestens 12 Jahre), zur Besoldung, zu Schulstrafen, zur Schulspeisung

(9 und 16 Uhr), zur Einteilung in Klassen, zu Lehrinhalten und zum Stundenplan. Die Strenge des Schulregiments soll auch gegen das Verziehen der »unverständigen Eltern« wirken. Die Schüler wurden in sechs Klassen eingeteilt. Unterrichtet wurde von 6 bis 9 Uhr und von 12 bis 14 Uhr. Lediglich am Mittwoch war nachmittags »frei«, d. h. es war Zeit für »baden, waschen oder mit andern ehrlichen spielen sich zu belustigen, als laufen, springen, ringen und fechten«. Danach versammelte man sich zu einer lateinischen Disputation.

Nach dem Rektorat von Johann Neander berief die Stadt Petrus Plateanus zum Rektor der Schule. Unter seinem Rektorat gelangte sie zu einer neuen Blüte. Die Schülerzahlen stiegen wieder (1544 auf 800 Schüler) und er verfasste eine neue handschriftliche Schulordnung. Die Klassenzahl stieg auf acht Klassen. Um die Situation zu entspannen, hatten die Stadtväter schon lange ein Objekt im Blickfeld – die Gebäude des 1536 säkularisierten Wirtschaftshofes des Grünhainer Zisterzienserklosters. Die Verhandlungen zogen sich allerdings einige Jahre hin. Nach dem Tod von Amtmann Anselm von Thumshirn 1541 setzte Bürgermeister Oswald Lasan alle Hebel in Bewegung. Er sprach bei Luther und Melanchthon vor. Der Reformator schrieb schließlich den zitierten Brief vom 1. Januar 1542 an Kurfürst Johann Friedrich von Sachsen. Im Oktober wurde der Gebäudekomplex an Plateanus übergeben. Der Schulbetrieb konnte am 10. April 1548 unter dem Rektor Georg Thym aufgenommen werden.

Aufgrund der strengen Schulordnungen, der harten Sitten, aber auch der Qualität der Ausbildung wurde sie bald nur noch die »Zwickauer Schleifmühle« genannt. So schreibt Abraham Vechner im 17. Jahrhundert: »Scholam habet egregiam & molam polientem«. Schon vorher lobte der Wittenberger Professor Laurentius Fabricius in einem Schreiben an den Zwickauer Superintendenten Vitus Wolfrum die »politura Cygnea«. Der Name rührte sicherlich daher, dass die Muldestadt wegen ihrer Schleif- und Poliermühlen für eiserne Harnische berühmt war. Jacob Weller kommt deshalb in seinem 1766 in Chemnitz gedruckten Werk »Altes aus allen Theilen der Geschichte« zu dem Schluss, dass man von den alten Schleifmühlen die Gelegenheit nahm, um die Schule »die Schleifmühle des Verstandes und (der) Sitten zu nennen«. ●

▶ **DR. LUTZ MAHNKE**
ist Leiter der Ratsschulbibliothek Zwickau.

Martin Luthers Aufenthalt 1522

Überlegungen zum Werdegang und zum Wohnort des Reformators in Zwickau

—

VON MICHAEL LÖFFLER

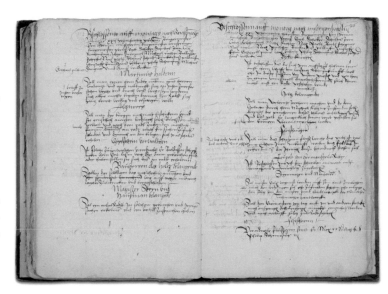

Nach dem Aufenthalt von Thomas Müntzer in Zwickau, der vom Mai 1520 bis zum April 1521 in den beiden Stadtkirchen St. Marien und St. Katharinen als Prediger Dienst getan hatte, vertiefte sich in der Stadt eine Spaltung innerhalb der Kirchgemeinde bzw. Bevölkerung. Ein Teil folgte den teils radikal vorgetragenen Parolen der Reformer wie Müntzer. Neben einem kleinen Teil von (katholisch) Altgläubigen hingen die meisten Menschen aber den gemäßigten Ideen an, wie sie Luther und auch die Mehrheit der Stadträte vertraten.

Um dem kirchlichen Streit in der Bevölkerung die Spitze abzubrechen, hatte der Rat 1521 Müntzer aus Zwickau ausgewiesen. Trotzdem hatte sich die religiöse Polemik – besonders um die Wiedertäuferbewegung, die in Zwickau einen ihrer Ursprünge besaß – nicht beruhigt. Deshalb beschloss der Rat auf seiner Sitzung am 28. April 1522, den Reformator Martin Luther, der sich gerade für zwei Tage in Altenburg aufhielt, nach Zwickau zu bitten. Einem sogleich abgeschickten Boten mit der Einladung folgend, kam Luther sehr wahrscheinlich am Folgetag, dem 29. April 1522, in Zwickau an. Während seines Aufenthaltes hielt er vier große Predigten (▸ S. 42) und reiste am 3. Mai zurück nach Wittenberg. Nach den Zwickauer Chroniken ist weiterhin strittig, wo Martin Luther in Zwickau während dieser Zeit sein Quartier nahm.

Sicher kam Luther mit seinem Besuch vor allem dem gemäßigten Lager der Zwickauer Bevölkerung entgegen und unterstützte schon mit seiner bloßen Anwesenheit deren (und natürlich ebenso seine eigenen) kirchenreformatorischen Bestrebungen. Als Exponent dieses Lagers galt der mit Luther befreundete frühere Stadtvogt und jetzige Bürgermeister Hermann Mühlpfort. Dennoch stellt sich die Frage, ob allein dieser Freundschaft wegen

Luther bei ihm persönlich oder in einer Herberge eine Unterkunft fand.

Die Häuser am Hauptmarkt 22/23 bildeten ursprünglich eine Einheit. Bis 1670 war hier der Gasthof »Zum Goldenen (oder Schwarzen) Adler« untergebracht. Auch nach Aufgabe der Gasthofgerechtigkeit befanden sich hier bis zum Jahr 1872 zwei Gedenktafeln für Luther und Kurfürst Friedrich den Weisen, die an ihren Zwickauer Aufenthalt erinnern sollten. Bei einem anschließenden Umbau entdeckte man zwei weitere Medaillons unter dem Putz. Alle vier wurden 1883 am später sogenannten Hering'schen Haus (benannt nach dem damaligen Besitzer) angebracht. Die Luther betreffende Tafel kam allerdings 1947 an das Mühlpfort-Haus am Alten Steinweg, nachdem sie zunächst mit dem Schutt des zerbombten Hering'schen Gebäudes auf die Schutthalde geraten war. Für einige Zeit verschwand sie, bis sie im Frühjahr 1989 erneut am Mühlpfort-Haus angebracht wurde.

Der am häufigsten zitierte Chronist Emil Herzog (Chronik der Kreisstadt Zwickau, 1839/45) ist trotz aller seiner Verdienste nicht immer glaubhaft. Deshalb könnte auch seine Aussage, dass Luther bei

Beschluss, Luther nach Zwickau zu bitten

Historische Ansicht
des Hauptmarktes
von 1813

Der Markt Platz in Zwickau

Bürgermeister Mühlpfort wohnte, auf falschen Schlüssen beruhen. Zumindest ist seine Lokalisierung des Hauses von Mühlpfort »das jetzige Dr. Lehmannsche Nr. 541«, das dem heutigen Hauptmarkt 23 entspricht, nicht richtig. Mühlpfort wohnte in der Zeit des Luther-Aufenthaltes am Niederen Steinweg (heute: Alter Steinweg) und das Haus am Markt gehörte nie ihm oder seiner Familie. Ein weiterer Fehler ist vermutlich die Datierung von Luthers Ankunft auf den 28. April. Unter Berücksichtigung von Entfernung und Reisezeit dürfte Luther erst am Folgetag, Dienstag 29. April, hier angekommen sein. Die gleichen Angaben finden sich bereits fast 200 Jahre vor Herzogs Chronik bei Tobias Schmidt (Chronica Cygnea, 1656), der aber aus einer viel größeren zeitlichen Nähe zum Ereignis von 1522 urteilte. Trotzdem bleibt auch bei ihm neben der Datierung fraglich, woher er weiß, dass Luther während seines Aufenthaltes bei Mühlpfort wohnte. Die vorhandenen Ratsprotokolle und -rechnungen weisen dies keineswegs so klar aus. Möglich wäre aber, dass den Chronisten des 16. und 17. Jahrhunderts noch Unterlagen zur Verfügung standen, die mittlerweile nicht mehr existieren. Die gleiche Argumentation kann und muss bei Laurentius Wilhelm geführt werden, der seine Beschreibung der »Urbis Cycneae« (Schwanenstadt) nur etwa zwei Jahrzehnte vor Schmidt verfasste (1633).

Den wahrscheinlicheren Dienstag als Ankunftstag nennt Hans Tretwein in seinen Annalen (Annales 1502–1597). Leider gibt er keinen Wohn- oder Übernachtungsort an. Da er einen anderen Tag für die Ankunft Luthers in Zwickau herausgefunden hat, ist seinen Nachfolgern also entweder ein Flüchtigkeitsfehler unterlaufen oder aber eine zusätzliche Quellenangabe bekannt gewesen. Die Annales von Oswald Lasan (Annales 1231–1534) verzichten leider ebenfalls auf die Lokalisierung einer Herberge für Luther. Dies ist besonders schade, da Lasan ebenso wie Tretwein mit dem 29. April den richtigen Denkansatz liefert, den die nachfolgenden Chronisten nicht mehr aufgreifen. Der ebenfalls noch in der ersten Hälfte des 16. Jahrhunderts schreibende Peter Schumann (Annalen 1501–1530) legt den Tag der Ankunft auf den 28. April und stellt sich damit in einen Gegensatz zu seinen unmittelbaren Zeitgenossen Lasan und Tretwein. Ein Flüchtigkeitsfehler Schumanns? Schumann nennt zwar im Zusammenhang mit Luthers Quartier ebenfalls den Namen von Hermann Mühlpfort, aber er verweist dabei gleichzeitig auf die Ortsbezeichnung »am Markt«, wo sich zwar eine Herberge, nicht aber das Haus von Mühlpfort befand. Erklärlich wäre das Nebeneinanderstellen dieser beiden Fakten nur, wenn wir annehmen, dass Luther vielleicht im Gasthof »Zum Goldenen Adler« am Markt abstieg, die entstandenen Kosten aber vom Rat – personifiziert von Bürgermeister Mühlpfort – getragen wurden. Zu klären bleibt, wo sich das Haus Mühlpforts einerseits und andererseits die Herberge befunden hat, um die chronistische Ortszuweisung »am Markt« genau einzuordnen.

So finden wir im Stadtbuch von 1517, dass Hermann Mühlpfort ein Haus am Niederen Steinweg an der ersten Quergasse von der Apotheke aus bezog (heute Alter Steinweg 5 / Obere Gasse). Seine Familie hat dann hier mit Sicherheit bis 1539 gewohnt, denn im Stadtbuch vom Jahr 1539 lesen wir, dass seine Witwe als nunmehrige Lehnsherrin des Gebäudes eingetragen ist. Aus dem Stadtbuch von 1515 erfahren wir, dass Nickel Rudel (oder Pentel) das Haus neben »der Caspar Wernerin« mitsamt dessen (Gast-)Gerechtigkeit übernommen hat. Nach Aussage aus dem Stadtbuch von 1530 vermachte er das Haus in letztgenanntem Jahr seinem Sohn Erhardt. Das Stadtbuch von 1532 gibt außerdem Auskunft darüber, wo am Markt sich der Gasthof von Pentel befunden hat. Wenn für Pentels Nachbar Frantz das Eckgebäude zur nächsten Gasse als Wohnung angegeben wird (heute Hauptmarkt 21) und als gegenüberliegendes Gebäude der Gasthof »Zur Flasche« (Markt 419, später Hauptmarkt 20 = Stadthaus III, nach Zerstörung 1945 heute Parkplatz), so kann Pentels (bzw. Rudels) Haus nur der Gasthof »Zum Goldenen Adler« gewesen sein. Für das Jahr 1522 kommt aber Hermann Mühlpfort keinesfalls als Besitzer des Hauses in Frage und scheidet somit als direkter Herbergsvater für Luther »am Markte« aus. Dies erhärtet sich noch bei einem Blick auf die Geschossbücher der entsprechenden Jahre. So ist dort 1527/29 zwischen »Pfebin« und »Werner« (bzw. 1529/30 zwischen »Frantz«/»Pfebin« und »Werner«) genannter Pentel (oder Rudel) eingetragen. Für Frantz, der 1529/30 durch Erbschaft oder Todesfall in den Besitz des Eckgebäudes gekommen sein könnte, steht damit genauso wie für Pentel (oder Rudel) die Lokalisierung ihrer Häuser am Markt Nr. 541/542 und Nr. 543 (heute Hauptmarkt 22/23 und 21) fest. Da außerdem für Hermann Mühlpforts Wohnhaus die Zuordnung zum Niederen Steinweg (heute Alter Steinweg 5) vorliegt, kann sich hinter der Nennung des Marktes als Übernachtungsort für Luther zu keiner Zeit Mühlpfort als direkter Quartiergeber verborgen haben.

Wann also kam Luther nach Zwickau und wo nahm er Quartier? Die Ratsprotokolle von 1522 vermerken dazu, dass der Rat auf seiner Sitzung am Montag, dem 28. April 1522, beschloss, Martin Luther nach Zwickau einzuladen und deshalb einen Boten nach Altenburg zu schicken. Die Entfernung dorthin eingerechnet und die Tatsache, dass Luther die Einladung nach Zwickau unvorbereitet traf und er sicher nicht ad hoc und ohne Verabschiedung von seinen Gastgebern in Altenburg losreiste, setzen seine Ankunft in Zwickau sehr wahrscheinlich für

Gewölbeeingang Mühlpforthaus

den folgenden Tag, den 29. April, fest. Die Einladung des Rates macht zudem Herzogs Meinung zunichte, der Kurfürst habe Luther nach Zwickau befohlen.

In den Ratsrechnungen 1521/22 sind unter »Ausgaben« die Summen aufgeführt, die der Rat für den Aufenthalt Luthers in Zwickau verausgabte. Die Abrechnung vom Mai 1522 besagt erstens, dass Luther allein wegen seiner Bemühungen, sofort nach Zwickau zu kommen und hier zu predigen, zehn Gulden als Geschenk erhielt. Eine zweite Summe ist von Luther direkt gefordert worden, und zwar zur Begleichung der Kosten, die von ihm selbst und den in seinem Gefolge Mitreisenden auf »den herbrigen« verursacht worden waren. Bei der Höhe der genannten Gesamtsumme von 390 Groschen dürfen wir wohl annehmen, dass darin Bewirtungs- wie auch Übernachtungskosten eingeflossen sind. Wenn Luther zudem das Geld nicht nur für seine Begleiter, sondern gleichfalls für sich selbst als »(A)ußlösunge« für die Herbergskosten verlangte, ist die Wahrscheinlichkeit gegeben, dass Luther im Gasthof »Zum Goldenen Adler« am Markt während seines Zwickauer Aufenthaltes Quartier genommen hatte – den heutigen Häusern am Hauptmarkt 22/23. ●

▶ DR. MICHAEL LÖFFLER
ist Leiter des Kulturamtes der Stadt Zwickau.

Schönes und Gelehrtes

Buchtipps

Ute Bär

... und denke an mein theures Zwickau

Robert Schumanns Kindheit und Jugend

Hohenheim
● ● ●

... und denke an mein theures Zwickau: Robert Schumanns Kindheit und Jugend

Robert Schumann wurde 1810 in Zwickau als Sohn eines bekannten Verlagsbuchhändlers geboren. Zeit seines Lebens fühlte sich der Komponist seiner Vaterstadt verbunden, in der er das Gymnasium besuchte und viele künstlerische Anregungen empfangen hatte. Sein Geburtshaus ist heute ein ihm gewidmetes Museum und zugleich ein Zentrum der internationalen Schumann-Forschung. Ute Bär legt hier die üppig illustrierte Darstellung über Schumanns Kindheit und Jugend in Sachsen vor, die bisher gefehlt hat. Sie beschreibt aber auch seine Beziehung zu Zwickau nach seinem Weggang 1828 und die Pflege seines Erbes in der »Robert-Schumann-Stadt« am Fuße des Erzgebirges.

▶ 192 Seiten mit zahlreichen Abbildungen, Hohenheim Verlag, Stuttgart/Leipzig, erschienen 2009, ISBN 978-3898501699, Preis 14,80 €

Im Himmel zu Hause – Ein Ausstellungsbegleiter für Kinder und ihre Familien

Die KUNSTSAMMLUNGEN ZWICKAU haben einen familienfreundlichen Kinderführer für die sakrale Skulpturensammlung »Im Himmel zu Hause. Christliche Kunst zwischen Gotik und Barock« herausgegeben. Er richtet sich besonders an Kinder zwischen 6 und 10 Jahren, die so gemeinsam mit ihren Familien die Ausstellung auf phantasievolle und kreative Weise entdecken können. Als Leitfigur und Begleiter lädt das »Bornkinnel« zu einer spannenden Reise durch seine Welt ein, stellt Kunstwerke vor, erzählt Geschichten und stiftet die Kinder zu Aktionen in der Ausstellung und im Buch an. In der Auswahl der Kunstwerke wird der Fokus auf museale Wertevermittlung gelegt und damit werden auch Themen wie Bewahrung/Restaurierung und heutiger Umgang mit den wertvollen alten Schnitzereien angesprochen.

▶ 52 Seiten mit zahlreichen Illustrationen, Farbabbildungen und Seiten zum Selbergestalten, erschienen 2013, ISBN 978-3-933282-43-9, Preis 7,00 € (erhältlich an der Museumskasse oder auf Anfrage per Post) kunstsammlungen@zwickau.de

Ratsschulbibliothek Zwickau

Die Einrichtung zählt zu den ältesten öffentlich-wissenschaftlichen Bibliotheken Deutschlands, die vermehrt in den aufstrebenden Städten des 15./16. Jahrhunderts entstanden. Sie ist auf das Engste mit der Zwickauer Lateinschule verbunden, die Ende des 12. Jahrhunderts gegründet wurde. Mit dem erstmaligen Nachweis 1498 ist sie die älteste Bibliothek ihrer Art sachsenweit. Die Bedeutung des Hauses machen die Zahlen ihrer Bestände deutlich: 250.000 bibliographische Einheiten, 200 mittelalterliche Handschriften, 20.000 frühneuzeitliche Handschriften aus dem 16.–18. Jahrhundert, 1.200 Inkunabeln, 2.500 historische Musikhandschriften und -drucke und über 70.000 Drucke des 16. und 17. Jahrhunderts.

▶ **Ratsschulbibliothek Zwickau**
Öffnungszeiten: Dienstag bis Freitag 8 bis 18 Uhr
Lessingstraße 1, 08058 Zwickau
Telefon 0375 834222
ratsschulbibliothek@zwickau.de
www.ratsschulbibliothek.de

Eines der schönsten Museen der Automobilgeschichte zeigt Pioniergeist

Über 80 Mal Chrom, Lack und Leder, über 500 PS (Auto Union Rennwagen), über 100 Jahre Automobilbaugeschichte – das sind die Superlative, mit denen das August Horch Museum punktet. Es gehört zu den jüngsten und schönsten Einrichtungen unter den rund 200 deutschen Fahrzeugmuseen. Großzügig und abwechslungsreich wird hier Zwickaus große Automobilgeschichte dokumentiert – genau dort, wo sich die Geburtsstätte der Marke Audi befindet. Viele Ideen prägten den Automobilbau Deutschlands. Pioniergeist und Erfindungsreichtum kann man sehen, fühlen, hören und sogar riechen. Höhepunkte sind detailgetreue Szenarien. So kann der Besucher z.B. eine Tankstelle der 1930er Jahre betreten und den Geschichten des Tankwarts lauschen. Oder er flaniert auf der Indoor-Straße aus den 1930er und 40er Jahren. Selbstverständlich kann auch das originale Arbeitszimmer von Dr. August Horch sowie die Fabrikanten-Villa betreten werden. Oder man nutzt die vielen interaktiven Möglichkeiten.

▶ **August Horch Museum**
Audistraße 7, 08058 Zwickau
Telefon 0375 2717380
info@horch-museum.de
www.horch-museum.de

Öffnungszeiten:
Dienstag bis Sonntag 9.30 bis 17 Uhr
jeden 1. Donnerstag im Monat 9.30 Uhr bis 20 Uhr
Neujahr 13 bis 17 Uhr
Schließtage: 24./25./31. Dezember

▶ **Robert-Schumann-Haus Zwickau**
Hauptmarkt 5, 08056 Zwickau
Telefon 0375 81885116
schumannhaus@zwickau.de
www.schumann-zwickau.de

Öffnungszeiten:
Dienstag bis Freitag 10 bis 17 Uhr
Samstag/Sonntag 13 bis 17 Uhr
Schließtage: Karfreitag, 24./31. Dezember

▶ **Priesterhäuser Zwickau**
Domhof 5–8, 08056 Zwickau
Telefon 0375 834551
priesterhaeuser@zwickau.de
www.priesterhaeuser.de

Öffnungszeiten:
Dienstag bis Sonntag 13 bis 18 Uhr
Schließtage: Karfreitag, 24./31. Dezember

▶ **KUNSTSAMMLUNGEN ZWICKAU**
Max-Pechstein-Museum
Lessingstraße 1, 08058 Zwickau
Telefon 0375 834510
kunstsammlungen@zwickau.de
www.kunstsammlungen-zwickau.de

Öffnungszeiten:
Dienstag bis Sonntag 13 bis 18 Uhr
Schließtage: Karfreitag, 24./31. Dezember

KIRCHEN DER STADT

Zwickau verfügt über eine
außergewöhnliche Vielfalt an Kirchen
von der Gotik bis in die Gegenwart.
Mit der Katharinenkirche und
dem Dom St. Marien gehören dazu
zwei Gotteshäuser von
europäischem Rang.

Ein sakraler Rundgang

Zwickau verfügt über eine Vielzahl
an bedeutenden Kirchenbauten

—

VON GABRIEL PÜSCHMANN

Hochschiff des Doms

▶
Taufstein in St. Marien

◀ **Seite 58/59**
Blick vom Dom St. Marien
zur Katharinenkirche

Die Stadt Zwickau ist geprägt von einer außerordentlichen Vielfalt an Kirchenbauten. Baugeschichtlich gesehen reicht die Palette von der Gotik bis in unsere Zeit nach der politischen Wende von 1989. Mit der Verleihung des Europäischen Kulturerbesiegels im Netzwerk »Stätten der Reformation« für die Katharinenkirche im Jahre 2014 und der Mitgliedschaft des Domes St. Marien in der Europäischen Vereinigung der Dombaumeister, Münsterbaumeister und Hüttenmeister besitzt die Stadt zwei Kirchen von europäischem Rang. Das sind auch die beiden Kirchen, die mit dem Wirken Martin Luthers und Thomas Müntzers eng verbunden sind. Bereits 1518 gab es in St. Marien die erste evangelische Predigt, wonach sich die Reformation durch den Einfluss von kirchlichen und politischen Kräften in Zwickau schnell durchsetzte.

Beginnen soll unser Rundgang im Stadtzentrum mit dem Dom St. Marien und der Kirche St. Katharinen. Er wird fortgesetzt mit den zentrumsnahen Bereichen. Kurz hingewiesen sei aber auch auf zwei zeitgemäße Neubauten in prägnanter Formensprache aus den 1990er Jahren: In Zwickau-Eckersbach, einem Neubaugebiet, steht die Christophoruskirche, die durch ihre skulpturale Form zweier ineinandergeschobener Parabeln besticht. In der Versöhnungskirche Neuplanitz verdient besonders die künstlerische Gestaltung des sechs Meter hohen schmiedeeisernen Versöhnungsbogens, als Erinnerung an die Dornenkrone Christi, besondere Erwähnung. Dieser Bogen wölbt sich über einen Altarblock aus Sandstein, in den ein sehr schlankes Kreuz eingeschnitten ist.

St. Marien

Westlich vom Hauptmarkt erhebt sich in majestätischer Größe und Eleganz der Dom St. Marien. Aufgrund seiner kunsthistorischen Bedeutung und Größe erhielt er 1935 den Ehrentitel Dom. St. Marien gehört neben St. Annen in Annaberg und St. Wolfgang in Schneeberg zu den bedeutendsten obersächsischen Hallenkirchen der Spätgotik. Bereits 1518 wurde in der Marienkirche evangelisch gepredigt. 1520 amtierte für kurze Zeit Thomas Müntzer an dieser Kirche.

Nach letzten Grabungsergebnissen stammt der äußerst stattliche Vorgängerbau einer romanischen Saalkirche aus den 80er Jahren des 12. Jahrhunderts. Im Laufe der Jahrhunderte erlebte die Kirche, deren heutiges Erscheinungsbild in seiner Grundstruktur von 1565 erhalten ist, viele Umbauphasen. Die letzte prägende Epoche war die der Neugotik. Der Königlich Sächsische Baurat Dr. Oskar Mothes gestaltete 1891 an der Fassade einen beeindruckenden Figurenzyklus aus französischem Kalkstein mit bedeutenden Persönlichkeiten der biblischen Geschichte und der evangelischen Kirchengeschichte. Ziel war u. a. die »Regotisierung« durch Hinzufügen neugotischen Maßwerks und Figurendekors im Stil großer gotischer Kathedralen. Besonders zu erwähnen sind die Skulpturen der Nordseite, die vor allem wichtige Personen aus der Reformation darstellen. Mit dem jüngst restaurierten äußeren Schmuck sucht die Kirche ihresgleichen in Mitteldeutschland.

1679 erhielt der Turm einen neuen Aufbau mit drei barocken Hauben, die mit achtseitiger Spitze in 87 Meter Höhe enden, optisch sehr ähnlich denen der Katharinenkirche in Hamburg und der Kirche St. Petri in Riga. Der Innenraum zeigt wie die meisten obersächsischen Hallenkirchen den Einheitsraum mit großer Weite. Durch eine geschickte Verschmelzung des Langhauses mit dem älteren Chor sind unterschiedliche Breiten zwischen den Baukörpern kaum wahrnehmbar.

Wichtigstes Kunstwerk ist der 1479 in der Nürnberger Werkstatt von Michael Wolgemut entstandene wandelbare Marienaltar. Auf der Festtagsseite des sieben Meter breiten

St. Katharinen

Retabels (Altaraufsatz) befindet sich mittig die Strahlenkranz-madonna, flankiert von weiteren acht Heiligenfiguren. Die erste Wandlung zeigt die Weihnachtsgeschichte, die zweite das Passionsgeschehen. Bei der Restaurierung vor einigen Jahren kam ein neuartiges Verfahren zur Stabilisierung des Schreins und der Flügelrahmen zum Einsatz. Kohlefaserlamellen geben der Konstruktion unsichtbar Halt und erleichtern die Wandelbarkeit des Retabels.

Das Heilige Grab des Bildschnitzers Michael Heuffner, das seit einigen Jahren auf der Sängerempore steht, ist ein sehr interessantes kunst- und liturgiegeschichtliches Ausstattungsstück. Das sehr filigran geschnitzte Kunstwerk ist in der äußeren Form einer gotischen Kathedrale nachgestaltet und diente durch eine herausnehmbare Christusfigur der Darstellung der Osterliturgie. In einer Kapelle der Nordseite befindet sich die Pieta, auch Beweinung Christi genannt, von Peter Breuer (▶ S. 22). Sie besitzt eine große emotionale Ausstrahlung und gilt als ein Hauptwerk des Zwickauer Bildschnitzers und Bildhauers.

Auf eine Seltenheit sei noch hingewiesen: Im nördlichen Seitenschiff befindet sich ein Wendelstein mit zwei übereinanderliegenden Treppenläufen, über die man die Nordemporen erreicht. Besonders reizvoll ist die Treppenspindel, durch die sich beide Läufe zueinander öffnen.

Auf der Westempore des Domes erhebt sich die große Orgel in der Gestalt einer stürzenden Taube. 1966 durch die Bautzener Orgelbaufirma Eule erbaut, gehört sie zu den größten Orgelneubauten in Kirchen und zu den herausragenden Werken deutscher Orgelbaukunst nach 1945. 2014 wurde eine umfassende Restaurierung abgeschlossen. Außerdem sind bemerkenswert die Kanzel und der Taufstein in Renaissanceformen von Paul Speck sowie das aufwändig gestaltete, geschnitzte Chorgestühl.

Auf eine besondere Problematik soll an dieser Stelle noch eingegangen werden. Der Steinkohlenbergbau in Zwickau hat der Region nicht nur Segen gebracht, sondern auch zu wesentlichen baulichen Problemen geführt. St. Marien ist im Verlaufe eines halben Jahrhunderts um 3,70 Meter gesunken, die Matthäuskirche in Zwickau-Bockwa sogar um fast zehn Meter. Dass es dabei nicht zu Einstürzen kam, ist ein Wunder und der Umsicht der Bauleute zu verdanken. Seit 1990 wurden etwa neun Millionen Euro nicht nur für Restaurierungsmaßnahmen, sondern vor allem auch für die Sicherung des Bauwerks eingesetzt. So wurden die Nordpfeiler mit dem Mauerwerk vernadelt. Bereits unter Oskar Mothes wurde 1891 ein Teil der Gewölberippen mittels Flacheisen gesichert und bis heute dauern diese Arbeiten an. Verschiedene Messprogramme helfen, Veränderungen am Bauwerk zu erkennen, um dann die erforderlichen Maßnahmen einleiten zu können.

Vor allem Gottesdienste, eine Vielzahl kirchenmusikalischer Veranstaltungen und Konzerte prägen die Ausstrahlungskraft des Domes heute.

Katharinenkirche

Als kleine, aber feine »gotische Schwester« von St. Marien bezeichnet man die Katharinenkirche im nordöstlichen Teil des Stadtzentrums. Und das ist sie unbestritten, Europäisches Kulturerbe im Netzwerk »Stätten der Reformation« seit 2014, mit ihrem Cranach-Altar, der unmittelbar zum Zeitpunkt der Reformation 1518 entstanden ist, und weiteren wertvollen Ausstattungsstücken.

Die Kirche wirkt äußerlich, trotz des hohen Spitzhelmes und schlanken Dachreiters, gedrungen. Das liegt an ihren großen Dachflächen und niedrigen Traufhöhen. Neben St. Marien prägt sie die Silhouette der Innenstadt. War sie ursprünglich wohl eine romanische Saalkirche mit Chor, Apsis und breitem Querwestturm, so stellt sie sich seit ihrer teilweisen Wiedererrichtung nach einem verheerenden Stadtbrand im 15. Jahrhundert als dreischiffige, spätgotische Hallenkirche dar.

Vom Stadtbrand 1403 wurde der östliche Teil der Kirche wahrscheinlich nicht betroffen, denn Chor und Sakristei sind hochgotisch. Außerdem wird der Dachstuhl über dem Chorraum auf 1343/44 datiert. Er gehört damit zu den ältesten noch erhaltenen Dachwerken in sächsischen Kirchen und wurde 2011 unter strengen denkmalpflegerischen Vorgaben behutsam instandgesetzt. Dabei wurden gleichzeitig die vom Mauerwerk des Chores abgerissenen Strebepfeiler statisch ertüchtigt.

Aber auch die Umbauten im 19. Jahrhundert durch Baurat Mothes fügen sich harmonisch in das Gesamtbild ein. St. Katharinen ist zudem die einzige Zwickauer Kirche, die noch geringe sichtbare Reste aus der romanischen Bauphase (Würfelkapitell) besitzt. Ebenso stammt der Turmschaft aus dieser Zeit. Die Kirche diente bis ins 16. Jahrhundert zugleich als Schlosskirche und wird seitdem als Gemeindekirche genutzt.

Betritt man das Kircheninnere, so überrascht der helle, lichtdurchflutete Raum. Einmalig ist auch die Gestaltung der Gewölbe. Insgesamt finden wir in St. Katharinen sechs verschiedene Gewölbearten. Dazu sind besonders beachtenswert die im südlichen Seitenschiff vorhandenen Rippengewölbe mit Maßwerkzier, die als Vorläufer der sogenannten Schlingrippengewölbe (Annaberg) gelten, sowie das Sternrippengewölbe der Sakristei, welches von einem mitten im Raum stehenden Bündelpfeiler und acht Halbrunddiensten mit kelchförmigen Kapitellen getragen wird. In diesem schönen Zentralraum, um 1300 entstanden, wurde erst kürzlich der originale Fußboden aus der Erbauungszeit gefunden, jedoch derjenige aus dem 17. Jahrhundert freigelegt. Abgesehen von Renovierungen und kleineren Veränderungen präsentiert sich das dreijochige Langhaus noch heute in der Gestalt aus der Mitte des 15. Jahrhunderts.

Ein besonderes Kleinod ist der Flügelaltar aus der Werkstatt von Lucas Cranach d. Ä. Bei geöffneten Flügeln ist die »Fußwaschung Christi« zu sehen, ein Motiv, von dem nicht bekannt ist, dass es auf einem weiteren Retabel als Hauptbild zu finden ist. Auf den Flügeln erscheinen die beiden Stifterfiguren Kurfürst Friedrich der Weise und Herzog Johann der Beständige mit ihren Schutzheiligen. Im geschlossenen Zustand sind auf der linken Seite Christus im Garten Gethsemane und rechts der gekreuzigte Jesus mit Maria und Johannes dargestellt. Ein wissenschaftliches Forschungsprojekt soll Wissenslücken schließen helfen. Außerdem soll bis zum 500-jährigen Reformationsjubiläum 2017 die Restaurierung des Altars abgeschlossen sein. Den südöstlichen Pfeiler stattete Paul Speck 1538 mit einer in Renaissanceformen gestalteten Kanzel aus. Bei der Restaurierung 2012 wurde die originale Farbigkeit wieder hergestellt.

Von besonderer künstlerischer Qualität ist die Figur des Auferstandenen Christus mit Siegesfahne aus der Hand des Zwickauer Bildschnitzers Peter Breuer, dessen Werkstatt sich in der Nähe der Kirche befand und dessen Zugehörigkeit zur Katharinenkirchgemeinde durch den Eintrag ins Sterberegister dokumentiert ist.

Einer besonderen Erwähnung bedarf noch das Geläut, welches 2012 restauriert und ergänzt wurde. Als sehr wertvoll gilt die 2,8 Tonnen schwere, von Oswald Hilliger gegossene Glocke mit der Darstellung der Heiligen Katharina von 1482. Neben der kleinen Friedensglocke von 1961 wurde das Geläut mit zwei neuen Glocken ergänzt, die nun gemeinsam in einem restaurierten und in einem neuen Eichenglockenstuhl die Menschen zum Gottesdienst und zur Anbetung rufen.

Sterngewölbe in der
Vierung der Moritzkirche

St. Nepomuk

Zwischen den Zwickauer Kirchgemeinden verschiedener Konfessionen gibt es seit vielen Jahren ein gutes Miteinander. Der große alljährliche Stadtfestgottesdienst auf dem Hauptmarkt ist ebenfalls ökumenisch geprägt. Deshalb soll St. Nepomuk, als Vertreter der drei Zwickauer katholischen Kirchen mit einem besonderen geschichtlichen Hintergrund, hier beschrieben werden. Nach der Reformation gab es fast 300 Jahre lang keine katholische Gemeinde mehr in unserer Gegend. Seit dem ersten Hochamt in der evangelischen Anstaltskapelle am 10. August 1820 finden wieder regelmäßig katholische Gottesdienste in Zwickau statt. Von hier aus breitete sich der Katholizismus wieder auf ganz Westsachsen aus.

Die erste katholische Anstaltskirche wurde 1820 im klassizistischen Stil erbaut und hatte nicht allzu lange Bestand. Die Kirche wurde zu klein für die wachsende Gemeinde. Das katholische Kirchenblatt von 1887 schreibt: »Unser altes Kirchlein fasste nicht den 10. Teil der umfangreichen Pfarrgemeinde. Trotz (...) doppelter Vormittagsgottesdienste mußten (...) Hunderte von dannen ziehen, ohne dem Gottesdienst beiwohnen und die heiligen Sakramente empfangen zu können; die erstickende Atmosphäre in der Kirche bewirkte jeden Sonntag Ohnmachten und Krankheit.«

So kam es also zum Neubau der jetzigen Kirche, die 1889 geweiht wurde. Es ist ein mittelgroßer, sachlich gestalteter Baukörper mit Klinkerfassade und Sandsteingewänden an den Fenstern sowie einem Rundbogenportal mit Porphyrsäulen und Portikusaufbau. Der Dachreiter mit Laterne ist verschiefert. Die Formensprache ist am ehesten der neugotischen Stilrichtung zuzuordnen, aber auch Neorenaissanceelemente sind vorhanden.

In den 1980er Jahren erhielt die Kirche einen westseitigen Funktionalanbau. Durch viele Renovierungen ist im Inneren vom Original, außer Decke, Empore und Altarfenster, wenig erhalten geblieben. Im oberen Rundfenster, welches in der Art einer Rosette gestaltet ist, finden wir Christus inmitten der Dreifaltigkeit als Weltherrscher, umgeben von den vier Evangelistensymbolen. In den darunterliegenden Langfenstern sind neben Maria die Namenspatrone der Stifter dargestellt. 1992 wurde die alte Kreutzbach-Orgel durch eine dreimanualige Walker-Orgel ersetzt. St. Nepomuk steht unmittelbar zwischen Schloss Osterstein und der Katharinenkirche.

Moritzkirche

Die Moritzkirche mit ihrem 71 Meter hohen, gewaltigen Vierungsturm wurde 1891/93 als Zentralbau in neugotischer Formensprache errichtet und tritt als beherrschendes Element nördlich des Stadtzentrums in Erscheinung. Es ist bereits die vierte Kirche im Gebiet. Die älteste Vorgängerin war die 1118 erwähnte Gaukirche. Sie hatte ihren Standort in Osterweih, dem Mittelpunkt des Gaues Zwickau (Bereich der heutigen Hölderlinstraße). Nach der Zerstörung 1430 durch die Hussiten wurde sie wieder aufgebaut, 1632 während des 30-jährigen Krieges nochmals zerstört und nach dem Wiederaufbau von 1680 bis zur Weihe der neuen Moritzkirche 1897 genutzt. Der Name Moritz ist vom heiligen Mauritius abgeleitet, der auch gleichzeitig als Schutzpatron für die Stadt Zwickau gilt. Im Oktober 1890 lobte man einen deutschlandweiten Architekturwettbewerb aus, bei dem das Büro Abesser & Kröger den 1. Preis erhielt. Bereits am 3. Dezember 1893 konnte die Kirche feierlich geweiht werden.

Wenn man die Kirche von außen betrachtet, so sieht man eine klare symmetrische Gliederung des Baukörpers in Ziegelmauerwerk mit einer kompletten Verkleidung aus Klinkern verschiedenster Zierformen. Insgesamt wurden 116 verschiedene Ziegelprofile verbaut. Über dem westlichen Haupteingang prangt eine gewaltige Fensterrose, die besonders typisch für die Kathedralbauten der französischen Hochgotik ist.

Blick in den Chorraum
der Moritzkirche

Wenn man auch das Bauwerk der Neugotik zuordnen kann, so sind doch andere Bauformen erkennbar, so z. B. die neuromanischen Blendarkaden an den Giebeln und den westlichen Treppentürmen. Harmonisch wächst der Turm aus dem Baukörper, flankiert von vier Nebentürmen, die im Innern die Treppenhäuser beherbergen, und endet in einer oktogonalen Spitze mit einem sieben Meter hohen, vergoldeten Blechkreuz. Allein die Zifferblätter der Turmuhr besitzen einen Durchmesser von über drei Metern.

Betritt man nun den Kircheninnenraum über das Westportal mit kleinem Vorraum, ist man beindruckt von der Weite und Höhe des Raumes, aber ganz besonders von der farbenprächtigen und aufwändigen Ausmalung, die nach den originalen Befunden 1995–2012 im Wesentlichen rekonstruktiv wiederhergestellt wurde. Dort, wo sich Haupt- und Querschiff kreuzen, befindet sich mit 19,5 Metern der höchste Punkt des Innenraumes mit einem großzügig angelegten Sterngewölbe. Der Blick wechselt zwischen spannungsvollen Ziegelrippen und aufwändig schablonierten Putzflächen, die sich in stark profilierten Bündelpfeilern vereinigen und die immensen Lasten in die Fundamente ableiten.

Die heutige Orgel mit Rückpositiv von der Dresdener Firma Jehmlich auf der Westempore stammt aus dem Jahre 1962, ist im Bereich der Prospektpfeifen gehäuselos und gibt den Blick auf die Fensterrosette frei, auf der wir eine Engeldarstellung mit dem Spruch aus Epheser 5,19 finden: »Lasst in Eurer Mitte

Psalmen und Lieder erklingen, wie der Geist sie eingibt. Singt und jubelt aus vollem Herzen zum Lob des Herrn.« Allerdings ist auch zu bemerken, dass sich das ursprüngliche Orgelgehäuse stilvoller in den Kirchraum eingefügt hat.

In den Nischen der Vierungspfeiler stehen Plastiken der Apostel Jakobus d. Ä., Philippus, Thomas, Jakobus d. J., Paulus und Petrus sowie Martin Luthers. Die Buntfenster sind mit vielen biblischen Motiven und Ornamenten geschmückt. Besonders zu erwähnen ist auch, dass die Rosettenfenster der Seitenemporen einen Durchmesser von etwa sechs Meter besitzen. Der aus Eichenholz geschnitzte Altar bildet eine gestalterische Einheit mit der in der Nähe befindlichen Kanzel. Der beeindruckende Innenraum gehört zu den schönsten neugotischen Räumen in Westsachsen.

Die auf gestalterische Qualität zielende Außengestaltung birgt jedoch auch viele baupflegerische Probleme in sich. So hatte der Vierungsturm in den frühen 1980er Jahren einen solch schlechten Bauzustand erreicht, dass ein Fortbestand der Kirche in Frage stand. Die Löcher im Dach hatten eine Größe, dass der Himmel zu sehen war. Auch war es zu DDR-Zeiten schwierig, Bilanzen für Material und Gerüst zu bekommen. Durch den Einsatz von 120 freiwilligen Helfern wurde 1985 in einer Riesenaktion, gemeinsam mit 20 Gerüstbauern, ein 78 Meter hohes Gerüst an vier Wochenenden aufgestellt. Damit erfolgte der Startschuss zur Rettung der Kirche, die sich mittlerweile in einem gut restaurierten Zustand präsentiert.

Lutherkirche

Im ausgehenden 19. Jahrhundert erhielt die Stadt Zwickau mit der sich entwickelnden Industrie einen erheblichen Bevölkerungszuwachs, so auch in der Bahnhofsvorstadt. 19.000 Gläubige brauchten ein neues Gotteshaus. Auch das Königlich-Sächsische Infanterieregiment, welches in der naheliegenden Kaserne stationiert war, suchte eine neue Garnisonskirche. Den Auftrag zur Planung erhielten die beiden Dresdner Architekten Schilling und Gräbner. Zur Wettbewerbsjury hatten die namhaften Baumeister Oskar Mothes und Paul Wallot, Architekt des Berliner Reichtages, gehört. Aus Kostengründen wurde der ursprüngliche Entwurf während des Baus mehrfach verändert. Nach vier Jahren konnte die Kirche schließlich am 29. Januar 1906 geweiht werden.

Der 61 Meter hohe Turm fügt sich in die Turmlandschaft von Zwickau ein und beherrscht das Bild in der Bahnhofsvorstadt. Das Zwickauer Tageblatt vom 28. Januar 1906 schreibt dazu: »Wenn man weiß, daß der Entwurf vom Baurat Gräbner, in Firma Schilling und Gräbner Dresden, stammt, dann gibt diese Kenntnis schon eine gewisse Beruhigung. Denn Baurat Gräbner ist ein Baukünstler von so durch und durch protestantischem Empfinden, daß ein Werk aus seiner Hand, die in der heutigen Kunstbewegung mit richtungsweisend ist, nimmer katholischer Auffassung ein Zugeständnis machen möchte.«

Die Kirche ist komplett in Jugendstilformen gestaltet, zu denen sich die beiden Architekten in dieser Zeit noch verpflichtet fühlten, allerdings hat der Innenraum eine sehr sachliche, aber kontrastreiche Farbgestaltung (ultramarine, weiße und gelbe Töne), die bereits auf eine Abwendung vom Jugendstil und Hinwendung zur Moderne weisen.

Betrachten wir zunächst das Äußere des Kirchenbaues. Wer in Richtung des Hauptportals läuft, sieht mit zwei überlebensgroßen Skulpturen von Martin Luther und des Apostels Paulus eine große und reich geschmückte Portaleinfassung, die ein großes Relief zeigt, auf dem Luther 1522 vom Zwickauer Rathausbalkon vor Tausenden Gläubigen predigt.

»Ein feste Burg ist unser Gott« – als feste Burg erscheint auch die komplett mit Sandstein verkleidete Fassade, die von der schwefelhaltigen Industrieluft des 20. Jahrhunderts gezeichnet ist. Der schwarzgefärbte Postaer Sandstein ist voller Plastizität, wo sich Blatt- und Rankenwerk mit mannigfaltiger Tierwelt verbindet, und all das in Kombination mit biblischen Sprüchen. Es zeigt gewissermaßen einen in Stein gehauenen Tierpark, aber man muss schon genau hinsehen, um Löwe, Greifvogel, Fisch, Hirsch, Schaf, Wolf und anderes Getier zu erkennen. Diese wohltuende Linienführung und Flächengestaltung und der asymmetrische Grundriss mit Treppentürmen und Nebendächern gleicht die massive Schwere optisch etwas aus. Die vier Evangelisten thronen in ungewöhnlicher Höhe direkt unterhalb des Turmkupferhelmes.

Blick auf den Schloss-
berg in Planitz

◀ Seite 66
Portal der
Lutherkirche

Wer den Innenraum betritt, wird erstaunt sein über die baulichen Kontraste, die in den letzten Jahren entstanden sind. Der massig schwere Altar fällt zuerst in den Blick des Betrachters mit Fritz von Uhdes großem Altarbild »Das Volk, das im Finstern saß, hat ein großes Licht gesehen«. Christus als einfach gekleideter Mann, anders als die damals üblichen Christusdarstellungen, umwirbt Menschen, doch in das Licht hinauszutreten und die Gnade Gottes anzunehmen.

Die kubische Form des Altars nehmen die 2004 eingeschobenen Funktionsboxen unter den Nordarkaden auf, die gleichzeitig auf eine vielfältige Nutzung der Kirche hindeuten. Sie wurden aufgrund ihrer hervorragenden Gestaltung mit dem Sächsischen Architekturpreis ausgezeichnet. Neben der Nutzung als Gemeindekirche finden monatlich auch die ephoralen Jugendgottesdienste mit mehreren hundert Besuchern hier statt. Der im Untergeschoss befindliche Lutherkeller steht für die offene Jugendarbeit, die Sakristei im Erdgeschoss als »Kiste« der Stadtmission für die Kinderarbeit zu Verfügung. Auch kulturell wird die Kirche gut frequentiert.

Die große romantische und kürzlich erst restaurierte Jehmlich-Orgel mit 52 Registern ist ein ausgezeichnetes Konzertinstrument. Die fast vier Tonnen schwere, große Glocke mit 2,10 Metern im Durchmesser nimmt mit der Aufschrift »Das Reich muß uns doch bleiben« ebenfalls Bezug auf »Ein feste Burg ist unser Gott«. Und das konnten hunderte Menschen zu ökumenischen Friedensgebeten 1989 in dieser Kirche erfahren.

Der Planitzer Schlossberg

Etwa vier Kilometer südlich vom Stadtzentrum entfernt liegt der äußerst geschichtsträchtige Planitzer Schlossberg, auch liebevoll »Kulturhügel« genannt, weil neben denkmalpflegerisch wertvollen Gebäuden wie dem Barockschloss, in dem seit 1992 das musische Spezialgymnasium »Clara Wieck« eingezogen ist, oder der Schlosskirche (1588), der Lukaskirche (1876) und dem Schlosspark mit dem Teehaus (1769) sich das kulturelle Zentrum des Zwickauer Stadtteils Planitz herausgebildet hat.

In der über 800-jährigen Geschichte spielte auch die Reformation eine wichtige Rolle, denn die 1585/88 errichtete Schlosskirche war die erste nach der Reformation neu errichtete evangelische Kirche im Zwickauer Umkreis. Außerdem spielten Schlossherren wie Joachim von Beust und Hans von der Planitz aufgrund ihrer persönlichen Verbindung zu Martin Luther eine wichtige Rolle. Als kurfürstlicher Rat war Hans von der Planitz ein profilierter Diplomat und Ratgeber Friedrichs des Weisen. 1519 wohnte er als Rechtsbeistand Luthers einer Disputation in der Leipziger Pleißenburg bei, in der sich Martin Luther und der papsttreue Theologe Johannes Eck gegenüberstanden. Luther äußerte sich dazu: »Und wäre nicht Hans von der Planitz gewesen, ich wäre Hans dahinten gewesen«.

Erst fünf Jahre nach dem Lutherschen Thesenanschlag wurde Joachim von Beust geboren. Er begegnete während seines Jurastudiums in Leipzig 1539 Martin Luther und wurde von da an überzeugter Lutheraner. Später prägte er den Satz: »er hette den heyligen Mann Gottes nicht genugsam ansehen können, den aus seinen Augen, Worten und Geberden ein rechter Lewenmuth und Heldenhertz geleuchtet«.

Nach dem Weggang der Edlen von der Planitz betraute Kurfürst Moritz Joachim von Beust mit der Herrschaft über Planitz, wo 1585 der Bau der Schlosskirche begann. Auf eine historische Besonderheit muss an dieser Stelle hingewiesen werden: auf den jahrhundertelangen Abbau von Steinkohle im Planitzer Revier seit dem 13. Jahrhundert und dessen Segen für den Kirchenbau. Er gilt als wohl ältester Abbau in Deutschland. Ein kleiner Teil der Erträge wurde als »Stiftung vom Kohlberg« den Kirchgemeinden zugewiesen. Die ersten Zuwendungen erfolgten im 16. Jahrhundert und dauerten bis ins 19. Jahrhundert an. Profitiert haben davon die Schlosskirche, die Lukaskirche und die Kirchen in Cainsdorf und Bockwa. Man bezeichnet sie deshalb auch als sogenannte »Steinkohlekirchen«, weil sie mit wesentlichen Mitteln aus dem Bergbau finanziert wurden. Schauen wir uns nun die beiden Kirchen auf dem Schlossberg etwas genauer an.

Schlosskirche

▼

Kunstvolle Votivtafel
in der Schlosskirche
von 1609

▶

Blick in den Chorraum
der Lukaskirche

Schlosskirche

Die Schlosskirche ist über einen Torbogen mit Gang unmittelbar mit dem Schloss verbunden. Die Schloss- und Patronatsherren nutzten ihn, um direkt in ihre Loge zu gelangen. Das Schloss, zu DDR-Zeiten auch als Rathaus und Polizeischule genutzt, diente der Stasi, um am zugemauerten Verbindungsgang Abhörwanzen anzubringen. Der Innenraum der Kirche ist geprägt von einer Ausstattung mit bedeutsamen Kunstwerken. Dem Betrachter fällt sofort die barocke Bilderdecke mit 13 Bildern (Ende 17. Jahrhundert) in weiß-goldener Kassettierung mit Szenen aus dem Alten und dem Neuen Testament ins Auge. Die Mitte bildet ein großes, lorbeerkranzgeschmücktes Medaillon mit der Darstellung des Gnadenstuhles. Die stark profilierte Kassettendecke wird von einer zwei Meter hohen Hohlkehle getragen, die damals einen großen Umbau des Renaissancedachstuhls notwendig machte. Man schob gewissermaßen die Decke in den Dachstuhl hinein.

An der Südwand fällt eine Votivtafel von 1609 auf, die wegen ihres kunstvollen Rahmens und ihrer farbenfreudigen Bilddarstellungen besonders bemerkenswert ist. Die Stiftung geht aus einem Gelübde des Heinrich von Beust hervor, der, neunzehnjährig schwer erkrankt, diese Tafel malen ließ. Darauf ist u. a. die Ansicht des Schlossberges zur Renaissancezeit zu sehen.

Eine Besonderheit ist der Altar aus der Freiberger Werkstatt des Meisters Samuel Lorentz von 1592. Dessen Werke sind der lutherischen Theologie zugewandt, zeigen aber gewisse Verbindungen zur katholischen Tradition. So besitzt der Planitzer Altar den Aufbau in der Art eines Flügelaltars, allerdings in Stein gehauen und nicht wandelbar. Im Übrigen gilt er als das wohl reifste Werk aus dieser Werkstatt. Im Mittelschrein wird das Abendmahl sehr lebendig gezeigt. Es folgen weitere Szenen aus dem Leben Jesu. Die Passion Christi ist allerdings nur in der Darstellung der Marterwerkzeuge, die von Engeln getragen werden, zu sehen. Auf den Flügeln finden wir die Stifterfiguren Heinrich von Beust und seine Frau Barbara.

An der Nordwand hängen, neben dem großen Echthaarkruzifix aus dem 15. Jahrhundert, zwei kolorierte Holzstockdrucke von 1588 mit den Bildnissen von Martin Luther und Philipp Melanchthon aus der Cranach-Werkstatt. Von dieser Art Bilder sind nur noch wenige in Sachsen erhalten. Seit ihrer Restaurierung 2003 erstrahlen sie wieder im alten Glanz. Ein weiteres Kunstwerk von großer Seltenheit ist die mit dem Erzengel Michael bemalte Tür aus dem 17. Jahrhundert. Als Vorbild diente dem unbekannten Maler das Original von Guido Reni (1635), welches in der Chiesa de Capuccini in Rom hängt.

Lukaskirche

Lukaskirche

Unweit der Schlosskirche liegt die von Gotthilf Ludwig Möckel 1876 erbaute Lukaskirche mit ihrem 60 Meter hohen Turm in topographisch sehr exponierter Lage. Sie gehört zu den herausragenden neugotischen Schöpfungen. Weil die Schlosskirche im ausgehenden 19. Jahrhundert den gemeindlichen Anforderungen in keiner Weise mehr genügte, diente die Lukaskirche von 1876 bis 1968 als Gemeindekirche. Danach fiel sie in einen »Dornröschenschlaf« und verkam zur Ruine, weil die Gottesdienste wieder in der Schlosskirche stattfanden.

Ein 1993 gegründeter Förderverein mit zurzeit etwa 300 Mitgliedern nahm sich der Kirchenruine an. Im Laufe von über 20 Jahren konnte die Kirche durch Investitionen in Höhe von etwa zwei Millionen Euro (größtenteils durch Denkmalfördermittel, Fördermittel der Deutschen Stiftung Denkmalschutz und der Deutschen Bundesstiftung Umwelt) und tausende Stunden Arbeitsleistung in einen baulich gut nutzbaren Zustand versetzt werden. Die vielfältige kulturelle Nutzung beinhaltet neben Konzerten, Lesungen und Theaterveranstaltungen eine Nutzung durch das Clara-Wieck-Gymnasium sowie Festgottesdienste der Lukaskirchgemeinde.

Die ausgewogenen Proportionen von 60 Meter Länge, 30 Meter Breite des Querschiffes und 16 Meter Höhe der Gewölbescheitel sind beeindruckend. Der Innenraum zeigt noch den Charme des verbrauchten Originals. Lediglich die Taufkapelle wurde in der Ausmalung von 1876 wieder hergestellt. In den Heizungskeller wurde unter Einbeziehung der alten Heizkessel eine moderne Toilettenanlage eingebaut. Seit einigen Jahren verrichtet eine neue Warmluftheizung ihren Dienst.

Sofort ins Auge fallen die restaurierten Buntglasfenster des Chorraumes mit der Darstellung der drei Artikel des Glaubens. Sie waren 20 Jahre lang verschollen, wurden in einem Schuppen im Erzgebirge gefunden, aufwändig restauriert und erstrahlen nun wieder im alten, originalen Glanz. Der Altaraufbau beeindruckt durch das aus französischem Kalkstein gehauene Relief »Heilung des Gichtbrüchigen«. Besonders erwähnt werden müssen die evangelistischen »impuls«-Gottesdienste, die auch besonders für Nichtchristen gedacht sind und regelmäßig bis zu 400 Besucher anziehen. Sie strahlen auf die gesamte Umgebung einen reformatorisch erweckenden Geist aus. ●

▶ KIRCHENBAURAT GABRIEL PÜSCHMANN
ist Baupfleger der Ev.-Luth. Landeskirche Sachsen.

Kirche und Stadt

In Zwickau gibt es ein vielseitiges evangelisches Gemeindeleben mit ökumenischer Offenheit

—

VON FRANZISKA MARKOWITZ

Die Evangelisch-Lutherische Landeskirche Sachsens gliedert sich in 18 Kirchenbezirke, sogenannte Ephorien. Sie sind, genau wie die Kirchgemeinden, Körperschaften des öffentlichen Rechts. Dazu gehört auch der Kirchenbezirk Zwickau, der geistlich durch den Superintendenten und rechtlich durch das Regionalkirchenamt Chemnitz vertreten wird. Zur Zwickauer Ephorie zählen 62 Kirchgemeinden, die zum Teil zu Schwestergemeinden zusammengeschlossen sind, mit ca. 42.000 Gemeindemitgliedern.

Das Zwickauer Gemeindeleben ist vielseitig und aktiv. Ein besonderer Termin im Jahreslauf der Stadtkirchgemeinden ist der ökumenische Gottesdienst auf dem Hauptmarkt während des Stadtfests, der jedes Jahr gut besucht ist. Auch sonst wird die Ökumene in Zwickau praktiziert. Es gibt einen regelmäßigen Austausch mit den Gemeinden der Römisch-Katholischen Kirche sowie freikirchlich-protestantischen Gemeinden der Stadt. Außerdem gibt es Projekte wie die ökumenische Kindersingwoche oder offene Chorwerkstätten, die nicht nur Gemeindemitgliedern, sondern allen offen stehen.

Die Jugend hat mit dem Jugendpfarramt eine eigene Anlaufstelle für alle Fragen des religiösen Lebens und gemeinsame Aktivitäten. So veranstaltet das Jugendpfarramt nicht nur regelmäßig Jugendgottesdienste, sondern auch Rüst-

zeiten und engagiert sich in der präventiven Kinder- und Jugendarbeit.

Auch kirchenmusikalisch gibt es ein Programm, das den gesamten Jahreslauf abdeckt. Die Beteiligung der Gemeindemitglieder reicht von der Kurrende über Kinder- und Jugendprojekte bis hin zum Kirchenchor. Das Erbe protestantischer Kirchenmusik erfährt ebenso eine breite Pflege wie moderne Formen. So gibt es einen großen Gospelprojektchor, der mit 40 bis 80 Sängern aller Altersklassen zu Probenwochenenden zusammenkommt, um Gottesdienste zu gestalten und größere Projekte umzusetzen.

Zum religiösen Leben in der Stadt gehören aber auch Sonderveranstaltungen wie beispielsweise das Ephorale

Posaunenfest, 2014 das »Festival der Reformation« oder aber im Januar 2015 die feierliche Eröffnung des neuen Themenjahres innerhalb der Lutherdekade »Bild und Bibel« für den Freistaat Sachsen.

Ein wichtiger Bereich der Arbeit von Kirchen und Gemeinden ist zudem das Engagement für die Schwachen in der Gesellschaft. So sind die Gemeinden des Kirchenbezirks Zwickau in der Seelsorge in Krankenhaus, Gefängnis, der Altenpflege und Schule sowie in der Telefonseelsorge aktiv. Auch den Betrieb mehrerer Einrichtungen für Menschen mit Behinderung zählt die Kirche zu ihren Aufgaben. ●

▶ www.kirche-zwickau.de

Die methodistischen Kirchen Zwickaus

Im 19. Jahrhundert fassten die Ideen John Wesleys auch in Zwickau Fuß

—

VON GABRIEL PÜSCHMANN

Im Stadtteil Zwickau-Planitz stehen, ökumenisch betrachtet, sieben Kirchen. Mit ihrem 27 Meter hohen massigen Turm erscheint die Christuskirche im Ortsbild in der Nähe des Schlossberges trotzdem vergleichsweise klein. Es ist die zweite, nach dem Zweiten Weltkrieg gebaute Christuskirche von Architekt Paulus Zeuner.

Der anglikanische Pfarrer John Wesley war im 18. Jahrhundert der Begründer der methodistischen Bewegung in England. Genauso wie Martin Luther hatte er nie die Absicht, eine neue Kirche zu gründen. Er sah es aber als Aufgabe der Kirche an, sich den Armen und Bedürftigen zuzuwenden, deren Zahl in England mit Einsetzen der Industrialisierung explosionsartig anstieg. Ähnlich wie Luther versuchte der junge Wesley mit seinem Studentenclub, durch fromme Übungen, Bibellesen, Gebet, sozialdiakonische Arbeit usw. Gott zu gefallen. Als bereits gestandener Pfarrer entdeckte er aufgrund von Luthers Vorrede zum Römerbrief das »allein aus Gnade« auch für sich. Unter dem Leitsatz »Seelen zu retten ist mein Beruf« ging Wesley dorthin, wo die Leute waren, und wartete nicht darauf, dass sie in die Kirche kamen. So predigte er in Kneipen, auf Marktplätzen oder in Bergwerken. Es entstand eine immer

größer werdende Bewegung, die erstmals 1784 zur eigenständigen Kirche wurde (in Baltimore/USA).

Der Methodismus gelangte im 19. Jahrhundert nach Deutschland, in den Jahren 1866/67 auch nach Planitz. Die Kirchgemeinde versammelte sich zunächst etliche Jahrzehnte in Häusern und kleineren Sälen, bis Anfang des 20. Jahrhunderts eine große Kirche dringend erforderlich wurde. Nur knapp 15 Jahre lang, bis amerikanische Bomber die erste Kirche 1945 zerstörten, konnte die Gemeinde diese Kirche mit rund 1200 Sitzplätzen nutzen.

Der heutige Bau von 1953 ist äußerlich sachlich und besticht durch außergewöhnlich gute Proportionen. Der separat stehende Turm schmiegt sich an das Kirchenschiff an. Im Innern der Christuskirche fällt der weiße Sandsteinaltar mit dem wuchtigen, über sechs Meter hohen Sandsteinkreuz von Bildhauer Werner Hempel aus Dresden ins Auge, dessen geschickte Kombination mit den dahinterliegenden Bleiglasfenstern, welche Szenen vom wiederkommenden Christus darstellen, eine schöne Einheit bildet. Die klanglich ausgewogene, aber auch sehr kräftig klingende Schuke-Orgel wird sowohl zu Konzerten als auch zu den sonntäglichen Gottesdiensten gespielt. Letztere werden durch-

Die Methodistische Christuskirche in Zwickau-Planitz

schnittlich von etwa 100 Erwachsenen und Kindern besucht. Zu erwähnen ist, dass die Glocken der Lukaskirche (Des-Dur) und der Christuskirche (Es-Dur) musikalisch so aufeinander abgestimmt sind, das beide Geläute gleichzeitig einen wunderbaren und vollen Klang ergeben. Die Kirche ist komplett restauriert und präsentiert sich seit einigen Jahren wieder im originalen Zustand der Erbauungszeit.

Vom selben Architekt, Paulus Zeuner, gibt es in der Nordvorstadt eine weitere große Evangelisch-methodistische Kirche, die Friedenskirche. Im Jahr 1930 erbaut vereinigt sie Elemente des Reform- und des Bauhausstils in sich und fügt sich vortrefflich ins Bild der sie umgebenden Jugendstilhäuser ein. ●

Auf Geheiß des Königs ...

*Die Anstellung des ersten Pfarrers drei Jahrhunderte nach
der Reformation ebnete die katholische Gemeindegründung*

—

VON FRANZISKA MARKOWITZ

St. Nepomuk

Eine Reformation ist in gewisser Weise immer auch eine Revolution mit dem Ziel, Veränderungen bestehender Regeln herbeizuführen – manchmal auch deren Beseitigung. Nach Luthers Thesenanschlag überschlugen sich so manche Ereignisse in der mitteldeutschen Kirchengeschichte. Eine Folge davon war, dass es nach der Reformation etwa 300 Jahre lang keinen katholischen Gottesdienst in Zwickau gab. Erst mit der Umnutzung des Schlosses Osterstein zur Haftanstalt ab 1775 wurde der Weg für eine neue katholische Gemeinde geebnet. Katholische Sträflinge aus Waldheim und Colditz wurden gemeinsam nach Zwickau verlegt. König Friedrich August I. von Sachsen verfügte am 19. Juni 1819 die

Anstellung eines katholischen Pfarrers für den Gefängnisdienst. In Folge dessen weihte man am 1. Oktober 1820 die erste kleine katholische Kirche des heiligen Johann Nepomuk. Im Jahre 1827 erhob man sie bereits zur Pfarrei, der einzigen Gemeinde im ganzen südwestlichen Sachsen. Sie gilt damit als »Mutterpfarrei« aller späteren Gemeinden.

Ende des 19. Jahrhunderts erwies sich die Kirche als zu klein. Zudem hatte ein schweres Hochwasser im Jahre 1858 dem Kirchlein schwer zugesetzt, so dass man beschloss, einen Neubau zu wagen. 1887 – 60 Jahre nach deren Weihe – riss man den ersten Bau ab und bereits 1889 konnte die neue Kirche geweiht werden. Das Leben der Gemeinde entwickelte sich mit wachsender Mitgliederzahl rasant. Vereine

wurden gegründet, wie der Elisabeth-Verein, der katholische Lehrerverein oder der Kirchenchor »Cäcilia«. Anfang des 20. Jahrhunderts war die Gemeinde so groß geworden, dass auch die zweite Kirche eigentlich viel zu klein war, man dachte erneut über einen größeren Neubau nach. Diese Bestrebungen wurden jedoch mit Ausbruch des Ersten Weltkrieges verhindert und nicht mehr umgesetzt.

Nach dem Ende des Zweiten Weltkrieges wuchs die Gemeinde durch Flüchtlinge und Vertriebene aus den Gebieten Schlesiens, des Sudetenlandes oder Ungarns erneut an. Viele fanden im Glauben und in der Gemeinde eine neue Heimat. Die Verbundenheit der Familien war sehr stark, was hilfreich war, hatte man doch als katholische Gemeinde unter der SED-Diktatur zu leiden. Die Verurteilungen und Repressalien, die der Staat gegen die Gläubigen verhängte, die sich gegen die Jugendweihe entschieden, verband die Gemeindemitglieder nur noch stärker.

Heute kann die Katholische Kirche auf drei lebendige Gemeinden mit insgesamt ca. 3.700 Mitgliedern in Zwickau blicken. Außerdem sei erwähnt, dass die Ordensgemeinschaft der Oblaten auch ein Kloster in Zwickau gründete: das erste nach 469 Jahren. Enge Verbindung pflegt man zudem zum kirchlichen Gymnasium des Bistums Meißen-Dresden, dem Peter-Breuer-Gymnasium. Auch an der Ökumene sind die drei katholischen Gemeinden beteiligt. Vertreter des Katholizismus, Lutheraner und andere Reformkirchen sitzen regelmäßig an einem Tisch. ●

Eine »Bachische Creatur«

Johann Ludwig Krebs kann als berühmtester und bedeutendster Zwickauer Musiker des 18. Jahrhunderts gelten

—

VON FRANZISKA MARKOWITZ

Das einzige Bildnis des Johann Ludwig Krebs – ein Reliefporträt

Im März 1737 war der Kantor der Zwickauer Marienkirche, Gottfried Christian Pötsch, überraschend verstorben. Die Stelle wurde ausgeschrieben. Unter den Bewerbern befand sich auch der 23-jährige Johann Ludwig Krebs. Ausgestattet mit einem ausgezeichneten Zeugnis seines Lehrers Johann Sebastian Bach hob er sich am Ostersonntag des gleichen Jahres mit seinem Probespiel unter allen Bewerbern hervor. Am 4. Mai 1737 erhielt er die Anstellung. Krebs bezog ein Zimmer im Priesterhaus Nummer 5, das heute Teil des stadt- und kulturgeschichtlichen Museums am Domhof ist. Doch wer war dieser einzigartige Musiker?

1713 in Buttelstedt bei Weimar geboren, erhielt er den ersten Musikunterricht von seinem Vater. Ab 1726 ging er an die Leipziger Thomasschule, an der drei Jahre zuvor Johann Sebastian Bach die Kantorenstelle angenommen hatte. Der talentierte junge Krebs erhielt von Bach Privatunterricht. Er war Mitglied im Thomanerchor und lernte neben Klavier und Orgel auch das Violinen- und Lautenspiel.

Die Orgel, welche Krebs in Zwickau zur Verfügung hatte, befand sich in einem denkbar schlechten Zustand. Das Instrument, vom Plauener Orgelbauer Joachim Zschugh erbaut, stammte aus dem Jahre 1612. Krebs trat mit Gottfried Silbermann in Kontakt. Der berühmte Orgelbaumeister weilte selbst in der Stadt, um die Disposition vorzustellen. Krebs bemühte sich derweil um eine Finanzierungsmöglichkeit, fand aber im Rat der Stadt keine Unterstützung. Enttäuscht sagte Krebs Zwickau Lebewohl und trat die Schloss-Organistenstelle in Zeitz an. 1756 nahm er die Stelle als Organist am Altenburger Hof an. Dort arbeitete er als hochgeschätzter Virtuose bis zu seinem Tode am 1. Januar 1780.

Die sieben Zwickauer Jahre waren dennoch bedeutend für den Musiker, denn nahezu sein gesamtes Schaffen entstand in der Stadt an der Mulde. Heute sind noch ca. 200 seiner Werke erhalten, darunter vier Sammlungen mit Klaviermusik, Triosonaten – die Originaldrucke sind in der Ratsschulbibliothek erhalten –, die Neujahrskantate »Der Herr hat großes getan« und viele Orgelwerke. Johann Ludwig Krebs hatte unter den Schülern Bachs eine gewisse Sonderposition. Schon zu Lebzeiten sagte man folgenden Satz über ihn: »In diesem großen Bach sey nur ein einziger Krebs gefangen worden«, so schreibt es zumindest C. F. Cramer in seinem Magazin für Musik, Band 2, aus dem Jahre 1784. Von der Wertschätzung Bachs für seinen Schüler spricht nicht nur das Zeugnis. Er übertrug ihm auch leitende Aufgaben im Thomanerchor und berief ihn zu seinem Notenkopisten. Eine besondere Bedeutung kommt seinen Orgelkompositionen zu. Auffällig ist, dass er sehr oft Werke für Orgel und ein weiteres Soloinstrument schrieb. Sie waren in erster Linie für die Figuralmusik in den Gottesdiensten gedacht. Vokal- und Orchestermusik traten etwas in den Hintergrund, was daran gelegen haben mochte, dass er zeit seines Lebens ausschließlich Organistenstellen bekleidete.

Prägend für sein kompositorisches Schaffen sind zwei gegensätzliche Stile. In den Orgelwerken sah er sich stark in der Tradition und Nachfolge Johann Sebastian Bachs verankert und versuchte, ihn zum Teil durch technische Schwierigkeiten noch zu überbieten. Das führte in der Musikgeschichtsforschung auch dazu, dass man einige Werke bis heute nicht mit Sicherheit einem von beiden zuordnen kann. Es ist außerdem zu beobachten, dass Krebs sich in großem Maße dem galanten und empfindsamen Stil zuwandte, der in starkem Kontrast zur Bachschen Tradition steht. Die Vorworte, die er seinen Drucken beifügte, lassen den Schluss zu, dass es sich dabei nicht um persönliche Überzeugung, sondern vielmehr um Publikumswünsche handelte. Im Herzen blieb er eine »Bachische Creatur«. ●

Orgel mit Gewölbe im
Dom St. Marien

Stadtführungen im Überblick

Zeitreise ins Mittelalter

Sie besuchen mit unserem Führer die wichtigsten historischen Plätze und Baudenkmale in der Zwickauer Altstadt. Vorbei am Dom St. Marien erreichen Sie die Priesterhäuser. Sie beherbergen das Museum für Stadt- und Kulturgeschichte und zählen nachweislich zu den ältesten erhaltenen Wohnhausensembles in Deutschland. Unsere Führung vermittelt Ihnen einen Eindruck mittelalterlicher Lebensweise und eröffnet einen anschaulichen Blick in die Vergangenheit unserer Vorfahren bis zurück ins 12. Jahrhundert.

▶ **Zeitreise ins Mittelalter**
Dauer: ca. 3 Stunden
1,5 Stunden Altstadtführung
1,5 Stunden Führung in den Priesterhäusern
Preis: auf Anfrage

Schnuppertour durch die Altstadt

Besuchen Sie mit unserem Stadtführer die wichtigsten historischen Plätze und Baudenkmale in der Zwickauer Altstadt. Die Schnuppertour entführt Sie in die Stadtgeschichte vom Mittelalter bis zur Gegenwart. Unsere sachkundigen Führer verbinden dabei anschaulich Architektur mit Zwickauer Stadtgeschichte. Erfahren Sie Interessantes und Sagenhaftes aus fast 900 Jahren Zwickau.

▶ **Öffentliche Führungen**
samstags (April bis Dezember), 10:30 Uhr
Treffpunkt: Tourist Information,
Hauptstraße 6, 08056 Zwickau
Dauer: ca. 1,5 Stunden
Preis: 3,50 € pro Person

Schloss Osterstein

Sie besuchen mit unserem Stadtführer die wichtigsten historischen Plätze und Baudenkmale in der Zwickauer Altstadt. Anschließend besichtigen Sie das wunderschön rekonstruierte ehemalige Zwickauer Stadtschloss – das Schloss Osterstein. Erstmals 1292 erwähnt, wurde es bei einem Stadtbrand 1403 stark beschädigt, 1404–1407 abgerissen und wiedererrichtet. Im 18. Jahrhundert wurde im Schloss ein Zuchthaus eingerichtet, das bis nach dem Zweiten Weltkrieg genutzt wurde. Hier saßen prominente Häftlinge wie Karl May und August Bebel ein.

▶ **Stadfführung inkl. Schloss Osterstein**
Dauer: ca. 2 Stunden
(1,5 Stunden Altstadtführung,
0,5 Stunden Führung im Schloss Osterstein)
Preis: auf Anfrage

Öffentliche Stadtrundgänge durch Zwickau

»Schnuppertour« durch die Zwickauer Altstadt
jeden Samstag (April bis Dezember) um 10:30 Uhr ab
Tourist Information; 90 Minuten; 3,50 € pro Person

Auf Luthers Spuren – Rundgang mit »Katharina von Bora«
jeden letzten Samstag im Monat um 14:00 Uhr ab
Tourist Information; 90 Minuten; 4,00 € pro Person

Rundgang mit dem Zwickauer Nachtwächter
jeden letzten Freitag im Monat 20:00 Uhr (Juni bis Sept. 21:00 Uhr)
ab Tourist Information; 90 Minuten; 4,00 € pro Person

Zwickauer »Stammtisch Geschichte(n)«
jeden ersten Freitag im Monat um 17:30 Uhr ab Tourist
Information; 120 Minuten; 6,50 € pro Person

▶ Alle öffentlichen Stadtrundgänge sind auch auf
  Vorbestellung zu Ihrem Wunschtermin buchbar.

Thematische Stadtführungen durch Zwickau

»Träumerei mit Schumann«
Stadtführung mit Robert-Schumann-Haus

»Automobile Geschichte erfahren«
Stadtführung mit August Horch Museum

»Zeitreise ins Mittelalter«
Stadtführung mit Besuch der Priesterhäuser

»Jugendstil & Gründerzeit«
Stadtführung durch die Baustilepochen

»Auf Luthers Spuren«
Auf dem Lutherweg durch Zwickau

»Genießer-Stadtführungen«
mit Besuch in der Kaffeerösterei

Stadtführung & Besichtigung Schloss Osterstein

»Detektivtour – Auf den Spuren des Zwickauer Sagenschatzes«
(für Kinder)

Segway Touren: Altstadt-Tour, Trabant-Tour, Bergbau-Tour

Alle Führungen sind auf Vorbestellung zu Ihrem Wunschtermin buchbar.
Nähere Informationen sowie Preise zu den einzelnen Stadtführungen
erhalten sie auf Anfrage oder im Internet. Sprechen Sie uns einfach an,
wir freuen uns auf Ihren Besuch!

▶ **Tourist Information Zwickau**
  Hauptstraße 6, 08056 Zwickau
  Telefon 0375 2713244
  tourist@kultour-z.de, www.zwickautourist.de

Impressum

ZWICKAU
ORTE DER REFORMATION
Journal 19

Herausgeber:
Stadtverwaltung Zwickau,
Kulturamt, Michael Löffler

Die Deutsche Bibliothek verzeichnet diese Publikation in der
Deutschen Nationalbibliographie;
detaillierte bibliographische
Daten sind im Internet über
http://dnb.ddb.de abrufbar.

© 2015 by Evangelische
Verlagsanstalt GmbH · Leipzig
Printed in EU · H 7864

IDEE ZUR JOURNALSERIE
Thomas Maess, Publizist,
und Johannes Schilling,
Reformationshistoriker

GRUNDKONZEPTION
DER JOURNALE
Burkhard Weitz,
chrismon-Redakteur

COVERENTWURF
NORDSONNE IDENTITY, Berlin

COVERBILD
Thomas-Müntzer-Standbild
vor der Katharinenkirche,
Foto: Peer Bolte

LAYOUT
NORDSONNE IDENTITY, Berlin

BILDREDAKTION
Steffen Raßloff

ISBN 978-3-374-04037-7
www.eva-leipzig.de

DR. STEFFEN RASSLOFF
verantwortlicher Redakteur
dieses Heftes

www.luther2017.de

Bildnachweis

Kulturamt der Stadt Zwickau:
S. 3, 16, 19, 30, 32, 57, 63, 72/73, 79
Priesterhäuser Zwickau: S. 46, 48, 49
Stadtarchiv: S. 36, 38–40, 42, 51,
53/54
Robert-Schumann-Haus Zwickau:
S. 26, 56
Ratsschulbibliothek Zwickau:
S. 44, 52
KUNSTSAMMLUNGEN ZWICKAU,
Max-Pechstein-Zwickau:
S. 23/24, 28, 31, 34/35, 56

Peer Bolte: S. 2–5, 12–14, 17/18, 20,
22, 25, 27, 29, 30, 55, 58–62, 64–70,
74/75, 77
Ralph Köhler: S. 11, 33
Gregor Lorenz: S. 2, 6–9, 21, 78, 79
Gabriel Püschmann: S. 22
Ulrich Michel: S. 76
Gaby Waldeck: S. 81
Städtische Bäder GmbH: S. 30